教員養成のためのテキストシリーズ

# 2 発達と学習の支援

三浦香苗・村瀬嘉代子・西林克彦・近藤邦夫 編

新曜社

# はじめに

　日本は今，重大な転機を迎えています。経済的困難もさることながら，教育もまた，変化する時代のなかでさまざまな困難に直面しています。青少年の学力の低下や創造性の欠如がつとに指摘され，現在の学校の教育機能に疑問の声があがっています。増大する一方の不登校，いじめやいじめを苦にしての自殺，崩壊する学級，歯止めがないかに見える暴力からは，学ぶことに喜びを見いだせず，将来について希望をもつことのできなくなっている子どもたちの叫びが聞こえてきます。

　私たちは大学にあって未来の教師となる学生の教育に関わるものとしての立場から，教職教育のあり方を真剣に問い直さなければならないと考えます。今日の教育が抱える困難を第一線に立って受け止め，変革していくのは，教師だからです。教師となるためには，どのような資質と技量，知識が必要なのかを，明確にする努力をさらに進めなければなりません。

　新教育職員免許法に対応したカリキュラムが全面的にスタートします。私たちはそうした変化に対応しながら，学ぶ，教えるという教育の実際的な活動のなかで，教育心理学，臨床心理学に何ができるのか，その幅広い研究のなかから何を伝えるべきなのか，何度も議論を重ねました。そして，心理学以外の領域からも多くの先生方にご協力をいただき，より広い視野から教師の仕事をとらえるよう努めました。

　本シリーズが，これから教師を志す学生にとって，教師という仕事の喜びと大きな影響力を考える機会となれば幸せです。

　２０００年１月

三浦香苗　村瀬嘉代子<br>西林克彦　近藤邦夫

# 第2巻　発達と学習の支援

　この「第2巻　子どもの発達と学習」は，新しい「教職に関する科目」のうち，「幼児，児童及び生徒の心身の発達及び学習の過程」（2単位）に該当します。従来，「教育心理学」「幼児心理学」「児童心理学」「青年心理学」などとして学ばれていた部分です。子どもはどのようなみちすじをたどって発達するのか，学ぶ－教えるという営みはどのようなものなのかを，発達心理学，学習心理学，臨床心理学などの研究成果から考えます。学生が将来，教師として接する子どもは，どのような課題を乗り越えながら成長していくのかを学び，子どもがおかれている家庭状況や文化的背景にも注意を払うことのできる教師としての素地を養います。

　1部「教育心理学からみた人間」では，発達と学習についての基本的な教育心理学の考え方を学びます。人間の養育と発達の特質を，養育者，家庭，友だち，学校などさまざまな状況との関連において見ていくとともに，自ら学ぶ存在である人間への理解を深めます。

　2部「発達のすがた」では，まず生涯を通しての発達を段階を追って概観し，自分に気づき，他者に気づきながら世界に開かれていく過程としての成長について学びます。

　3部「個人差の理解」では，性格も能力も一人ひとり違う個人をどうとらえたらよいかを学びます。検査により数値で表れる個性，知性面からとらえる個性，人格面からとらえる個性，そしてコミュニケーションスキルとしての社会的能力の個人差を中心にみていきます。

　4部「子どもの理解と支援の手だて」では，子どもの発達にたいしてどのような支援が可能かを考えるとともに，そのために必要な基本的な視点を学びます。環境に適応できない子どもの理解と対処や，具体的な支援方法とサービスについても学びます。

# 目　次

はじめに　i
第2巻　発達と学習の支援　ii

## 1部　教育心理学からみた人間

### 1　発達をめぐる論争　　2
1. 人間の特殊性
2. 環境要因の重要性
3. 種としての限界と個人差の存在
4. 遺伝と環境に関する理論

### 2　発達と養育　　8
1. 感覚運動的知能の発達と自我の発達
2. 対象概念の成立と情緒的対象恒常性の達成
3. 発達の障害と支援
4. おわりに

### 3　家族のなかでの発達　　16
1. 家族の役割
2. 愛着の成立
3. 子どもの立場からの「しつけ」
4. 価値観の形成と文化
5. 家族のライフスタイル

### 4　人間関係の拡大　　22
1. 対人関係のはじまり
2. 仲間関係の広がり
3. 友だち関係の深まり

4. おわりに

## 5　学校社会での経験　　　　　　　　　　28

1. 学校の役割と特殊性
2. 教師 - 子ども関係，同年齢集団
3. 学級風土
4. 他の教育機関の存在
5. おわりに

## 6　人間の学習の特殊性　　　　　　　　　34

1. さまざまな学びの形式
2. 学校の言葉と学び
3. 学びにおけるメタ化
4. 類推から学ぶ
5. 関係としての学び

## 7　感じ方とやる気　　　　　　　　　　　40

1. やる気（動機づけ）とは
2. 感じ方の諸側面
3. 自分自身に対する感じ方とやる気
4. 他者に対する感じ方とやる気
5. 教材や学習環境に対する感じ方とやる気

# 2 部　発達のすがた

## 8　人格発達Ⅰ──児童期まで　　　　　　　48

1. 児童期までの発達
2. 人格発達をうながす教育的働きかけ

## 9　人格発達Ⅱ──青年期以後の生涯発達　　55

1. 社会のなかでの発達
2. 青年期以後の発達

## 10　自分理解　　　　　　　　　　　　　　　　　　　　62

　　1．自己概念とは
　　2．自己概念の発達——誕生から思春期に至るまで
　　3．自己の確立——青年期におけるアイデンティティの形成

## 11　子どもの知的世界の拡大　　　　　　　　　　　68
　　　——見える世界から見えない世界へ

　　1．乳児期——見える感覚運動的世界
　　2．幼児期——イメージを獲得して見えない世界へ
　　3．児童期——具体的経験に支えられて論理の世界へ
　　4．青年期——抽象の世界へ

## 12　他者理解　　　　　　　　　　　　　　　　　　　　74

　　1．皆でいること，一人でいること
　　2．社会化
　　3．他者理解をうながす教育的働きかけ

# *3* 部　個人差の理解

## 13　個性の把握——個人差測定の活用　　　　　84

　　1．個性へのアプローチ
　　2．個人差を知る——集団のなかにおける個人の相対的位置
　　3．希現象を知る——外れ値を探って
　　4．関連性のなかの特異性——散布図のなかの外れ値
　　5．個人内差を知る——個人のプロフィールを描く

## 14　知性の理解　　　　　　　　　　　　　　　　　　92

　　1．知性とは
　　2．知性の働きにおける個人差
　　3．知能検査
　　4．知性を測定する他の検査

## 15　人格の理解　　　　　　　　　　　　　　　　　100

1. 相手を理解することと自分を理解すること
2. 人格の理解
3. 人格理論
4. 人格検査

## 16　社会的能力の理解　　　　　　　　　　　　　　108

1. 社会的能力とは何か
2. 社会的ルールの理解と社会的スキル
3. 社会的能力の把握法
4. 社会性の促進

# 4部　子どもの理解と支援の手だて

## 17　適応と不適応　　　　　　　　　　　　　　　　118

1. 適応とは何か
2. 事例から見た適応
3. 違いや逸脱に対する許容度
4. 適応機制
5. 不適応または適応障害について
6. 反社会的不適応と非社会的不適応

## 18　自分の感じ方と他者の見方　　　　　　　　　　124

1. 小学校における自己評価と他者評価
2. 思春期の友人関係のなかでの自己評価と他者評価
3. 身体像にまつわる自己評価と他者評価
4. 自分へのまなざし——自己像の形成と自己評価
5. 自己評価と他者評価——教師の位置づけと配慮

## 19　個別的理解と大数的理解　　　　　　　　　　　130

1. 「普通の子ども」と大数的理解
2. 個別的理解と物語
3. 現実のなかでの平衡感覚

20 子どもへのさまざまな支援　　　　　　　　　136
　　1. 家庭が支えるもの
　　2. 地域が支えるもの
　　3. 専門機関からの支援
　　4. 学校教育に関わる心理教育援助サービス


さらに学ぶために──参考文献　145
引用・参考文献　149
索引　159
執筆者紹介　167
編者紹介　168











　　　　　　　　　　　　　　　　　装幀──加藤光太郎

# 1部
# 教育心理学からみた人間

1　発達をめぐる論争
2　発達と養育
3　家族のなかでの発達
4　人間関係の拡大
5　学校社会での経験
6　人間の学習の特殊性
7　感じ方とやる気

# 1 発達をめぐる論争

## 1．人間の特殊性

　人間も哺乳類であるが，系統発生的に考えると他の哺乳類とは異なる水準にあると主張した生物学者に，ポルトマン（1951）がいる。彼は，鳥類と同じように，哺乳類にも，丸裸で生まれ，親に完全に依存している，もぐらやネズミのような就巣性のものと，すぐに歩行ができ，自分から乳を求めにいく馬や猿のような離巣性の哺乳類があると指摘した。犬や猫の仲間はその中間の特徴をもつという。この就巣性と離巣性の哺乳類の違いをまとめたものが表1.1である。

　ところで，チンパンジーやオランウータンなどの類人猿は離巣性の典型であるのに，同じ霊長類に属する人類はその延長線上にはない。確かに妊娠期間や出産数，また出産時の神経感覚器官の成熟度は離巣性のそれと同列であるが，首は座らず，身体移動はできないのが人類の新生児である。親に依存しなくては１日も生きていけない。ポルトマンは，この人類の就巣性を「二次的就巣性」と呼び，人類は神経感覚系の成熟を優先させ身体運動系の発達を犠牲にして，妊娠280日で早産しているのだという。その証拠として，彼は生後１年間の人間の体重の増加や胴・腕・脚等の身体の成長は急激であることを指摘し，その時点で他の霊長類の出産児と同じ状態になると主張する。

　この二次的就巣性あるいは１年早すぎる出産により，人類は乳児期を子宮外で迎え

●表1.1　哺乳類の個体発生的関係（ポルトマンの主張をまとめたもの）

| | | 下等な組織体制段階 | 高等な組織体制段階 | 人　類 |
|---|---|---|---|---|
| 例 | | 食虫類，齧歯類 | 有蹄類，猿類，類人猿 | ヒト |
| 全体的特徴 | | 就巣性 | 離巣性 | 2次的就巣性 |
| 妊娠の特徴 | 妊娠期間<br>胎児数 | 短い（20〜30日）<br>多い（5〜22匹） | 長い（50日以上）<br>たいてい1〜2匹 | 280日<br>たいてい1人 |
| 誕生時の特徴 | 成体との類似性<br>体毛<br>運動能力<br>神経感覚系の成熟 | 丸まっている<br>無毛，体温外部依存<br>巣中移動のみ可<br>感覚口の閉鎖 | 小さな成体<br>有毛<br>強い脚力，腕力<br>感覚器官完成 | 頭でっかち<br><br>移動できず<br>開眼，開耳 |

る。すべてが用意されて生まれてくる離巣性の動物とは異なり，未完成のままに出生した人類は，そのために，他の哺乳類ではなしえない次の2つのことが可能になったと主張する。その第一は，直立歩行である。首の定まらない状態から，おすわり，はいはい，つかまり立ちを経て，生後1年を過ぎた頃に直立歩行が可能となる。この直立歩行のため，上肢を移動ではなく，道具の利用や制作等に使うことが可能となり，描画や音楽演奏等の文化的活動の基盤を保証することとなる。第二は，言語の獲得である。4カ月を過ぎる頃から意味のない発声を繰り返し，1歳の頃から周囲の人が話す言葉を発するようになる。任意に音を組み合わせて，意味を有する言葉を作り上げていくのである。この言語はその後の抽象的思考の中心的役割を演ずる。

## 2．環境要因の重要性

人間は未完成の状態で出生し，社会にその能力の開発を期待された「開かれた存在」であるという主張は，人間の行動や個性・個人差の発現に，環境的要因が他の種とは比較にならないほど大きく関わっているという主張とつながってくる。この環境的要因の重要性を指摘する主張の代表的な事実に以下のものがある。

### (1) 初期経験

生後数年間の経験は，他の期間とは比較にならないほど重要で，その後の人生に決定的な影響力・持続性をもっているという主張である。灰色ガンの雛が，孵化後の比較的短期間に見た動くもののあとを，その後，ずっと追い続けるという刻印づけ（imprinting）の発見は，同類であるから後を追うというそれまでの常識的見解を覆すものであり，動物の初期の行動形成に環境が大きく影響することを示すものであった。同様に，生後視覚経験のない先天盲の人の開眼手術後の世の中の見え方は，視覚経験のあった後天盲とは大きく異なる。彼らが健常児と同様な知覚となるには，かなりの経験と努力が必要であるという事実は，経験それ自体の重要性とともに，その経験が有効に働く特定の時期「臨界期」の存在を示すものとされた。

### (2) 母性剥奪事象の影響

人間の子どもは適当な時期がくれば自然にはいはいをし，歩くようになるというわれわれの素朴な発達観を覆すものとして，第二次世界大戦後の主として中東諸国で見つかった乳幼児施設での発達遅滞現象がある。一連の研究から明らかになったことは，少ない人員で孤児を世話をしていた乳幼児施設では，乳幼児の死亡率が高く，また，

生存者の歩行開始時期や発話時期が通常の家庭で世話をされている子どものそれよりもはるかに遅れるというものであった。最初は施設病と呼ばれたこの現象は，養育行動の絶対的不足によると解釈されるようになって，母性剥奪 (maternal deprivation) と称せられるようになった。この発達初期の不幸な経験は，彼らが成長した後にも，人格や社会性にマイナスの効果をもち続ける，という報告もなされている。

また，最近では，通常の家庭で育てられても，子どもの正常な発達が停止してしまう幼児虐待症候群と呼べる症状が発見されている。これは，親の暴力，長時間にわたる放置と都合主義的な溺愛によって生じるものと解釈されている。第三者の介入・入院によって，一時的には順調に回復する成長も，家庭に戻ると再び停滞に陥り，体重さえも減少するという。幼児虐待症候群は，母性剥奪と同様，良好な養育関係の欠陥という心理社会的原因によって生じるという点では共通であるが，後者では養育者に両価的な感情が成立することによって，生理学的混乱が生じると考えられている。

これらの現象が，一定の世話を行う人が極端に少ないことにともなう感覚刺激や運動刺激の不足によるものであるか，子どもの成長に関心をもった人間との対人的交渉の不足によるのか，愛着対象の非存在によるものなのか等は，その有効な治療策の創出と絡んで現在論争中である。

## 3. 種としての限界と個人差の存在

ところで，望ましい環境で生育しないと，身体的あるいは運動的側面もその正常な発達を損なうという知見は，良好な環境を用意すれば，子どもの発達の可能性が現状よりもはるかに高いレベルで実現するという希望的観測を生むことになる。3歳までによい環境を用意すれば，子どもの可能性は大きく拡大するという主張も1970年代には大きな影響力をもった。しかし，いくつかの実証的な研究からその楽観主義的・無限定的な主張は，大きな制約を与えられることになる。

現在では，ある側面に関する良好な環境は，その種がもって生まれた機能を拡大させ，あるいは複数の機能を統合させ，常識的には考えられないことも可能にすると考えられている。オリンピック競技やサーカス演技などでそのことは示されるだろう。しかし，空中を飛ぶことや，数十分にわたる潜水はわれわれには不可能である。また劣悪な環境は，本来出現するはずの構造や機能の発現を妨げることは事実であるが，その状況が取り払われれば，正常の範囲内にかなり急速に回復することも示されている。発語がきわめて困難であったアヴェロンの野生児には，人間社会で成長しなかったのではなく，自閉的傾向の強い放浪児ではなかったのかという解釈もある。

もしも，環境的要因の効果が今まで主張されたよりは限定的なものであると考えるならば，われわれに存在する多くの個人差も遺伝的要因によって決定されているという考え方が生じてくる。運動能力についてはわれわれもその生得的可能性を信じやすいが，知性や人格特性に関しては議論が分かれるところである。授業中に落ち着いて席についていることができずに教室内を歩き回る子どもを，多動性症候群と考えるか，しつけのできていない子どもと考えるかは，その子どもの具体的行動や生育環境等を慎重に考慮して決定されるべきことである。

## 4．遺伝と環境に関する理論

　これらの知見は，人間が種としてあるいは個人として親から受け継いだ遺伝情報は，その特性によって，環境の影響の受け方が複雑に異なるという見解を生むことになる。ある遺伝的情報は，環境的要因を大きく受け，他の情報は，きわめて劣悪な状況を除き，環境要因の影響を受けないで，顕型として現実化すると考えるのである。また，ある潜型は，ある環境的条件ではマイナスの影響を大きく受けるが，よく配慮された環境下では，ほとんどマイナスの影響を受けないで，顕型として具体化される。このような見解に至るまでの歴史的展開は以下のようである。

### ⑴　生得説
　メンデルの遺伝説が主張される前と後とでは，前成説と先決説と，同じ生得説でもその主張は異なる。
**❶前成説**　すべての特性はあらかじめ備わったかたちでもともと存在しており，それが加齢とともに顕在化するという。そのもとのかたちが精子側にあるという精源説と卵子側にあるという卵源説との論争は，ギリシア時代からメンデルの遺伝説発表まで続いた。
**❷先決説**　ある行動がいつ頃現れるか，どのような特徴をもつかといった基本的なものは，原則として親からの遺伝情報というかたちで受け継がれるという説。この説では，人間の発達は遺伝情報にもとづいて発現していくのであり，社会や保護者はその発現の状態をよく理解して働きかけをすることが重要であり，適時性(readiness)を無視した働きかけは効果がないばかりか，正常な発達を損なうものであると主張された。

### ⑵　環境説（学習説）
　人間は他の動物とは比較にならないほどの学習能力をもつ存在であり，どのような環境のなかで学習したかが，能力や人格の形成に決定的な影響を持つという考えである。

この学習説では、一見発達現象と見えるものでも、その行動発現の過程を詳細に分析すれば、基礎となる要因の学習の定着・習熟化によって説明できると主張するのである。その子どもの学習水準を充分に考慮した環境条件を用意すれば、すべての子どもの行動を望ましい方向・水準にもっていくことができる。

　フロイトが主張した精神分析説では、乳幼児期からの親子・家族関係が、その人間の人格形成の基礎を作り上げ、特に、哺乳・排泄等の個人の生物学的欲求への配慮と道徳や宗教といった社会的価値の要請に養育者がどう対応したかが重要であるとした。

　また、比較文化的研究者は、人間は歴史文化的存在であり、実際に生活している周囲の人間がどのような生活をし、どんな価値観をもって生活しているかが、その社会の行動特性や学習水準を決定する。男性性・女性性といったものでも、文化が異なると大きくその内容を変動させると主張している。

### (3) 遺伝・環境説

　前述の2つの見解のそれぞれの主張の現実性を認め、統一させようとした見解である。しかし、そのなかではニュアンスの異なる見解が主張されている。

**❶加算説**　遺伝的なものと環境的なものが重なり合って、ある特性の発現に影響を与えているが、たとえば、知的能力と学力、身長と体重では、遺伝的条件が影響する度合いは異なるというものである。親子や兄弟関係、一卵性双生児と二卵性双生児で、各種の特性がいかに異なるかを明らかにした研究はこの典型である。

**❷相互作用説**　遺伝的なものと環境的なものとを明確に区分することはできず、両者は複雑な相互作用をして、ある行動特性の発現に影響を与えているという。菊は種によって環境要因の影響を受ける度合いが異なる。ある種は高山で大きな花を咲かせ、他の種は海辺できれいな花を咲かせる。この場合、花の大きさ（顕型）から遺伝的特性（潜型）を安易に推定することには慎重でなくてはならないと主張する。種によって、最適な環境が異なるという考え方である。

　その他、閾値説（特性によって環境的影響を受ける度合いは異なる）、交互作用説（ある特定の遺伝的要因の欠損は通常ではその特性の正常な発現にはマイナスに働くが、環境的配慮でマイナスの発現を阻止することはできる）等、多数の見解が現在提出されている。

### (4) 各説の教育への意味

　前述の各説は、前成説を除き、ごく最近まで教育・育児界を支配していた理論である。それらは理論として存在するだけでなく、個人差への解釈についての意見の相違

を生み，教育や育児観に大きな影響を与え，行政的にも大きな影響力を有していた。

　生得説では，知的能力や人格特性等の基本的特性は遺伝的規定度が強く規定されると考えたので，それらの安定性あるいは環境的要因がそれらにどのように影響するかを明らかにすることに関心を示した。そのため，多くの心理学テストが作成され，尺度研究の基礎をなすとともに，それらを用いた多くの個人差研究がなされた。また，発達も基本的には，成熟によるものとみなし，それ独自の原理に規定されていると考えるので，発達現象の詳しい記述が行われた。ともすれば，子どもを早くから労働力として使用したいという期待や，大人の論理で子どものしつけや教育を考えていたそれ以前の教育観に，子どもにはまだその準備ができていない，時期がくるまで待つべきだという適時性（Readiness）の主張は，児童中心主義教育を科学的実証的に支える役割を果たした。一方，この主張は，発達の遅れの著しい子どもは一定期間学校に入学することを待つ進学猶予措置等，待ちの教育，現状追認と呼ばれるような施策を支える役割も果たした。

　環境説（学習説）は，現在の知的・人格的特性が，それ以前の環境的要因によるものであると考え，その要因の特定とそれらを除去する方策の研究に取り組んだ。社会・経済的に不利な環境にいる子弟の学力や道徳性の低さは，遺伝的な要因によるものでなく，彼らが日々生活している劣悪な環境，あるいは社会の主流とは異なる価値基準によるものであると考えた。そのために，特別なプログラムが作成されたり，特別な経済的支援が教育環境改善のためになされている。また，現在の社会に優勢な性役割行動が，生物学的な性に規定されるというよりも単に伝統や文化によって作られたものであり，新しい時代背景に適合したあり方を模索する自由を与えている。一方，環境的要因を変化させれば，人間の知性や才能は現状よりもはるかに伸展させることができるという主張は，早期教育や才能教育主張の根拠としても用いられ，子どもの個性や意欲を考慮しない世風を生み出している。

　環境的な要因は遺伝的要因との関係は単純ではなく，複雑な交互作用があるという主張は，教育思潮的には，適性処遇交互作用（aptitude treatment interaction, ATIと略称）という考えを生む。あることがらを学ぶのに合った適性や教え方があるのではなく，このような特性にはこのような教え方が効果があるというふうに考えるべきだというのである。ある特性が通常の教え方だと効果がないとしたら，それに合う教え方を見つけだし，実施すべきだというのである。音声言語の応答に困難がある子どもには，その音声言語を指導強化する教育，あるいは音声言語を媒介にしない教え方などを，その子どもの実態と発達に応じて，個別的に選択していくべきだと主張する。現在流布している個性化・個別化という主張は，この交互作用現象を強く意識したものである。

# 2 発達と養育

　人間は他の動物に比べると，自立までに格段に長い期間を要し，その間，母親（あるいは母親的役割をする養育者。以下，母親）による濃密な発達の支援を受けて初めて適切に生存，成長できるという特徴がある。多くの魚や昆虫の親は，子が生きられる条件を備えたしかるべき場所に産卵すれば役目を終える。そしてその後の成長の道筋は自然界の諸条件に左右されるものの，基本的に個体にプログラムされている。鳥類や哺乳類では生まれた後も一定の期間，親が育児行動をとるが，やはり大部分が生得的に規定されている。たとえばニワトリのヒナは，子どもが親を認知してその庇護の下に育つよう，生まれて数日の間に目に映る動く対象に付き従うという本能が備わっている。このような対象の認知を刻印づけという。しかし，種によって決まっている一定の時間的期限（臨界期）の間に刻印づけがなされないと，親を養育者として認知できないため養育行動が受けられず，生存が困難になる。

　人間においても生物としての生得的しくみが働いていると考えられるが，親子関係の形成と進展はずっと柔軟で，対象と時間の幅があり，また家族や社会の存在も親子の関係のありように深く関与している。

## 1. 感覚運動的知能の発達と自我の発達

　子どもの発達にとっての正常な環境とは，ほどよく情緒の安定した母親やその周囲の人々のなかで，生理的，心理的な必要が満たされ，穏やかな暮らしが展開できる環境である。初期の発達について，感覚運動的知能の発達と，自我の発達とを概観してみよう。（表2.1）

### (1) 新生児期の発達

　脳波，心拍数，呼吸，筋電図，眼球運動など，新生児の生命活動は個々に独立した活動をしているが，やがて外界の24時間周期に同調して，睡眠と覚醒のリズムを形成していく。そして生後7週の頃には育児行動に呼応するように，昼夜の睡眠リズムが

発 達 と 養 育

●表2.1 発達の流れ

| 年齢 | | 知性の発達 | 自我の発達 | | | 危機と不安 | 問題の出方 |
|---|---|---|---|---|---|---|---|
| | | | 親子関係 | 自我形成 | | | |
| 0〜1カ月 | 感覚運動の時期 | 【反射】唇の近くに触れるものをくわえ、吸おうとする、など | 母親と子の一体性 母親の声を識別できる | 心と体が一体 自分の外界が未分化 | | 破壊不安 被害感 | 拒絶的になる 拒乳、吐乳 |
| 1〜4カ月 | | 【反射から発展した行動パターン】体が経験した反応を繰り返す。たとえば、指を口にもってきて吸う、など。 | 欲求従属的依存関係 ——— 3カ月微笑 ——— | 自己と親を区別できない（自己が親と融合している） | | 憤怒 基本的不信 | 不眠 情緒の問題 |
| 4〜8カ月 | | 【自分の活動によって起こる興味ある環境の変化を、再現しようとする】自分の足を動かすことによっておもちゃが動くのをみて、それを繰り返す、など。 | 受身的な「いないいないバー」 （情動調律） | 移行対象 （シーツや自分の指など安心できるものをもつ） 部分的自己 （自分が一定のものと感じられていない） | | 分離不安 抑うつ | 情緒交流が乏しい 表情が乏しい 慢性不機嫌 |
| 8〜12カ月 | | 【1つの結果を得るために2つの行為を行える】布で隠されたものを手にいれたいとき、布を取り除いてそれを取ることができる。 | 8カ月不安 人見知り 母親から離れて遊ぶ、ときどき母親に接近する | 自分は何でもできると誇大的に感じる | | 怒り 罪悪感 | 母に無関心 人見知りがない 頭を打ちつける |
| 12〜18カ月 | | 【課題を解決するために新たな手段を試みる】布で隠してさらに別の場所に移したとき、別の場所でも捜すことができる。 | 積極的「いないいないバー」 母親の後を追う 分離不安 | 対象恒常性のめばえ（見えなくても母親は居るとわかる） 母親にまとわりついたり離れたりしながら、自分を一定のものと感じる | | 無気力 空虚感 | 食の問題 拒食、偏食 食欲不振 |
| 18〜24カ月 | | 【感覚運動的活動から独立した心的活動をし始める】目的物のところへ行くのに試行錯誤せず行動できる。 | 一人遊び 言葉の交流 | 情緒的対象恒常性 自分と母親とは別の情緒をもった人間ということがわかる | | 自尊不安 劣等感 | 排泄の問題 遺尿、遺糞 便秘 |
| 2・3歳〜 | 概念的知能の時期 | 【前操作的段階：心象が形成される】 ・2〜4歳 前概念的思考の段階 物が隠されてもその存在を理解できる。目の前になくても頭のなかでイメージできる。ごっこ遊び、模倣ができる。 ・4〜7歳 直感的思考の段階 同量の水でも、細いコップの水のほうが、太いコップの水よりも水位が高いため、量が多いと考える、など。見た目に左右される。他の人も自分と同じように考えているとする。論理的な思考は十分でない。 | イヤと言う 異性親の独占 同性親への競争 | 自分が理想的なものとして感じられている 両親が理想的なものとして感じられている | | 恥 失敗不安 | 睡眠の問題 夜驚、ねぼけ 悪夢 反復性嘔吐 強迫症状 頭痛 恐怖症状 不安症状 チック |
| 7〜11歳 | | 【具体的操作段階】具体的な事物や助けがあれば、見た目に惑わされずに論理的に思考できる。上記の水量の保存の概念もすぐ理解できる。 | 両親の内在化 同年齢仲間の発見 社会化 | リーダー的人物に自分を重ねてみる | | 道徳的不安 あるべき自己 現実の自己 | 吃音、強迫症状 |
| 11・12歳〜 | | 【形式的操作段階】頭のなかで、言葉や記号だけで、抽象的・論理的思考ができる。 | 親離れとその不安 反抗、精神的自立へ | 現実的に働く自我へ 自分を客観的に考えてみることができる | | 現実不安 | 成人と同様の神経症状へ |

9

形成される。

　一方，新生児には，吸いつき反射や把握反射など，本能的な反射機能が備わっている。そしてこれらは，新生児が外界に接触していくように方向づけられている。また新生児は，生後初期に母親の声を識別することが観察されている。これは，胎内にいたときの経験によると考えられている。

　新生児は生まれてまもない間は，心と体，自分と外界とが区別されない状態にある。さまざまな反射機能に支えられながら，しだいに感覚運動経験を広げていき，混沌とした自他未分化な認識の世界から，身体感覚の快・不快の経験が記憶され，快適さをもたらす対象への注目から，愛着対象が明確になる。身体機能の発達とともに，愛着対象との，すべてが快適なわけではなくともほどよい交流から自分感覚が育まれ，外界への探究心に支えられて子どもの心の世界は広がっていく。母親に甘えたり怒ったりしても基本的には許され，理解されるという親密な経験は，長じて人と親しくなって自分を表現できる人間になるために不可欠である。不快な感情は不安と激しい怒りとして経験されるが，世話をして快適な状態に変えてくれる養育者とのふれあい（欲求充足的依存関係）を通して，人の顔がよいものとして記憶されていく。

　もし哺乳や温度調節，温かいスキンシップなどが適切に与えられない環境に置かれると，拒乳や吐乳，睡眠の不安定などが起こり，全体発達がとどこおる。

## (2) 初期の認知行動の発達と情緒的な相互交流

　生後2カ月ほどの乳児は，反射から発展した行動パターンとして，ものを把握し，それを口にもっていくことができるようになる。このころには視覚的調節機能が進展して，人の顔を見ることを好むようになる。この行動は，世話する人に喜ばしく映り，情緒交流が発展するもとになる。

　生後3カ月には，視空間と聴空間が結びつき，乳児は人声のほうに向き，あやされると笑うようになる。お面を見せても笑いかけ，スピッツはこれを3カ月微笑と名づけている。このような微笑反応は，顔に無差別に向けられるが，乳児が安心するように努力する母親人物との相互交流のなかで喜びの表現として定着していく。母親の笑顔は乳児の発声を引き出し，母親の無表情には乳児はしかめ面をする。こうして母子は呼応しながら，快感情を共有していく。スターンは，「乳児は自分に対する母親の応答のあり方に鋭敏なアンテナをもちながら関わる」といい，「情動調律」の機能に注目した。母親の態度や表情が乳児の表現にしっくり合っているときは乳児の内面活動は活性化し，そうでないと活動を抑止する。このような感受性によって，乳児は母親の情緒性を含む人格全体を感じ取っていくことができるという。

新生児期からの情動調律の働きの結果，母子が波長を合わせながら相互に情緒を活性化しあう様子が，3ヵ月以降にはさらに展開する。この時期の乳児は母親と融合一体化した依存関係のなかで，快適な満足や満たされない怒りを経験するが，情緒の世界に起こるこうした経験の積み重ねが，おおむね快適で満足なものであれば，子どもは外界に対する信頼感とそれにもとづく安定感を育む。

　他方，母性的養育が剥奪された子どもについてはさまざまな研究がある。ハーロウは，アカゲザルの乳児がミルクをくれる針金性の「母親」よりも，ミルクはくれないが柔らかな布製の「母親」を好むことを実験で示し，母性的なるものがもたらす安心への希求は霊長類に基本的なものであることを実証した。人の乳幼児は，不快で泣いている状態が放置されたり，優しい声かけやだっこ，笑顔などが与えられない，いわゆる母性剥奪の状態では，人への関心や信頼感が発展する素地が育まれず，慢性的不機嫌や無表情な状態になる。また，入院や施設収容などのため親しい保護者から引き離された場合も悲しみや無感動などの反応を引き起こす。虐待のような育ち方の子どもは後に頭を自分で壁に打ちつけるなどの自虐問題行動を発展させる場合もある。

　情緒的相互交流は言語発達の基盤としても大切な過程であるため，その欠如は言葉の停滞を招くことになる。また小児精神病の子どもは，発達の初期においても，育児者のまなざしやほほえみ，接触に無関心であったという。このように乳児の側からの情緒的呼応が乏しい場合，育てる側も当惑し，その後の関わりが発展しにくい。

## (3) 母親人物の区別ができるまで

　4ヵ月から8ヵ月程の乳児は，首がすわり，寝返りができるようになり，腹這いで動けるようになる。したがって視空間など周囲の環境を自分の動きで変化させられる度合いが増す。3，4ヵ月の頃には自分の片手を顔の上に出してこぶしを回して見るような行動に始まり，視覚が手の動きを先導するようになり，運動の巧みさも増し，ものをつかみ，もう一方の手に持ち替えることもできるようになる。自分の体との間で行っていた感覚運動に，外界の事物が組み込まれるようになる。ガラガラを振るというような，ものを自己身体の延長として扱っていた遊びが，9ヵ月くらいから独立した外界の「もの」として扱う遊びになる。タイコをたたく，ビンのふたをあける，ミニカーを手で走らせるなどである。これらの体験を通して乳児は，自分の活動が引き起こす環境の変化を認識するようになる。しかしこの時期の乳児の活動は，見えるものの範囲にとどまり，玩具を布で隠すともう探そうとはしない。

　対人的には親しみや怒りなど，人の感情を区別するようになる。またこのころの乳児は，「いないいないバア」遊びをことのほか楽しむ。外界の存在が見えたり隠れた

りすることへの興味は，母親人物も含めた外界存在の恒常性（見えなくても存在する，時が経っても存在する）を理解していく方向へ乳児を導く。

発声も唇や舌を使う音声が加わりながら拡大し，母親が話しかけたりあやしたりする活動を誘い，相互交流が増加する。神経系と筋肉，骨格の力が発達し，自分で起きなおり，座り，やがてつかまり立ちができる8ヵ月から12ヵ月のころ，それまでの発達がおおむね正常に経過した幼児には，母親人物以外の人には不安を示す「人見知り」が起こってくる。固有の母親への愛着がはっきりしてくるこのころまでの発達過程は，民族に共通している。

## 2. 対象概念の成立と情緒的対象恒常性の達成

### (1) 行動範囲の拡大と言葉の始まり

1歳を過ぎると歩行する力がつき，行動力が拡大すると，実在世界の理解がさらに進む。乳児は，それまで受け身に関わっていた外界に，積極的，目的的に働きかけるようになる。ピアジェは，布に隠されたものを探す実験を行って，12〜18ヵ月の子どもが視覚的に隠れていてもものは存在するということを理解していることを示した。

行動範囲が広がり，母親といる安心感と独り離れて行動する経験などから，独立した自分感覚がさらに明確になる。一方，慣れ親しんだ身の回り品，タオルやぬいぐるみなどが，一時的な母親代わりの愛着対象（移行対象）として離せない時期もある。

人との関わりにおいても，安心できる家のなかなどでは，母親の視界を出入りして「いないいないバァ」のような振る舞いをする。活発に動き回り，目が話せない時期だが，母親を困らせることをしては逃げ，追いかけてくれるのを楽しむ。しかし困ったときには助けを求め，見慣れぬ環境では母親にすがって離れない時期でもある。一見矛盾するこのような行動は，寛大で安定した母親には，子どもが発達していく証として歓迎されるが，自信のない母親には，思い通りにならない悪い子に思われ，早すぎる叱責やしつけ的態度が誘発される場合もある。母子関係の困難が，食事の問題として，拒否や落ち着いて食べない，偏食がひどいなどのかたちで発展することもある。

1歳前から模倣する力が観察されるが，やがて音声模倣から言葉の模倣が活発化する。一方，言葉の理解は，話す力よりも先行し，多くの語彙が蓄積され，2歳前後の言語使用の飛躍的拡大につながる。また，大人にむかって言葉を言うと，相手が喜んで応えることが，言語的コミュニケーションへの道を広げる。こんなエピソードがある。ある1歳半児が，公園で他の子どもが母親を呼ぶのに「ママーッ」というのを見ていた。そしてはたと気づいたように，自分も大声で「ママッ」と言って周囲を見回

したのだった。

## (2) 排泄の自律

　2歳になる頃，多くの幼児は身体の感覚を自覚しコントロールできるようになり，排泄訓練が可能になる。母親は，子どもの生活に寄り添いつつ，健康なうんちが出たことを一緒になって喜ぶことで排泄の心地よさを共感的に教え，子どもの自信や自尊心のもとを育むことができる。母親は，子どもとの情緒的二者関係のなかで，急速に発達しつつある子どもに働きかけ，大きな影響力を及ぼす。幼い反抗や不服従を，成長の証として受け止めつつ，子ども自身が社会で評価されるよう，根気よくしつけをすることも，この時期の育児の課題である。この頃の親との関わりあいのあり方が，思春期以降の自立の時期の対人関係のあり方にも影響を及ぼす。

## (3) コミュニケーションの拡大

　この頃，身体感覚や情感をともなう母親の言葉を，子どもが取り入れることから，言葉の数も急速に増加する。ボク，ワタシ，という主体としての表現が聞かれるようになり，イヤ，ワカッタ，と意思を伝えるようになる。言葉がこのような機能を備えるようになると，母親以外の第三者とのコミュニケーションも拡大する。そして，電話ごっこ，ままごと遊びなど，相手とイメージをやりとりする相互交流的な遊びができるようになる。

## (4) 自分感覚の発達

　4歳になる頃には，母親を全体として感じ，そばにいなくてもイメージできるようになり，同年齢集団のなかにいて，自分感覚をもって交流できるようになる。子どもは，自分が家族の一員として愛され，期待されて当然という安心感と自尊心をもって，一定時間家を離れて幼稚園などの集団に入り，同年齢の子どもと遊び，競争することができるようになる。発達のこの過程をマーラーは「分離‐個体化」の過程と呼んだ。この過程を通過すると，初期の母子分離の課題を達成し，男児，女児としての自覚をもって，同年齢集団と交われるようになる。

## 3. 発達の障害と支援

## (1) 劣悪な環境下での発達

　成長に必要十分な栄養や，寒さ暑さからの保護，清潔の保持などにはある程度の経

済的基盤を必要とする。また居住条件も，乳幼児に必要な生活リズムの確保に欠かせない。経済や家庭内社会の条件が劣悪であると，家族の感情生活も荒廃しやすい。両親が情緒的に安定していない，十分な養育のための時間がないなど，赤ん坊が適切に育ちにくい環境もある。

　子どもの体質，気質，素質や，出生順位，性別などの条件も，養育者にさまざまな反応を起こさせ，時に養育を困難にすることがある。子どもの発達の支援を考える際には，その子どもの出生そのものが両親によって望まれたものであったかどうか，性別は期待どおりか，子どもの体質や素質は，育てにくいものではないか，年の近い同胞が多かったり，健康に生まれなかったきょうだいに手がかかるなど，母親にとって育児負担は過重ではないか，育児中の母親の心身の健康はどうか，他の情緒的困難はないか，などへの配慮が欠かせない。また，事情によって養育者が一定しない場合もあり，健康な発達を阻む要因は少なくない。

## (2) 育児のつまずき

　子どもが養育者の肯定的情緒によって育まれない場合，さまざまな程度の発達停滞の原因となる（もちろん発達停滞の原因は，養育者－子ども関係だけにあるのではない）。身長が伸びていかない，言葉の発達が遅れる，落ち着きがないなどの他，心身症を発展させることもある。長じてからは性格の障害が残るなど，その影響は多岐にわたる。一般に「母性」と呼ばれる，子どもを育む優しさや共感性にもとづく世話が，必要十分な程度に与えられない赤ん坊には，外界への基本的信頼感が育たない。不信感は，発達の早期には，食べ物にも向けられる。頑固な偏食や養育者からの働きかけへの拒絶，幼児期には排泄訓練への無関心や抵抗，会話の拒否，こだわりなどが，養育者との関係をさらにぎくしゃくしたものにすることもある。

　乳幼児の諸機能が健全に発達するためには，子どもの側に養育者からの働きかけを受け入れる準備状態ができることと，食べること，排泄，言葉の学習，さまざまなスキルの習熟など，養育者が適切な時期に適切な働きかけをしなければならない。しかし，この働きかけをする適切な時期には個人差があり，養育者が他の問題を抱えるなどの条件によっては，子どもとの微妙なタイミングがズレてしまう場合も少なくない。

　子どもに発達の遅滞があり，自己と他者の分化が不十分で，愛着関係もはっきりしない，動きの多い段階の幼児に，標準発達を前提にした働きかけは成功しないことが多い。言葉の遅れのある子どものケースなどでも，養育者の期待のようには子どもからの反応が返ってこないので，働きかけに困惑している母親が少なくない。

　核家族の孤独な育児では，親子の気分がずれたり，発達段階と働きかけがかみ合わ

ないこともある。自信がなかったり完全欲求の強い母親が，養育者としての不適切感を刺激されて，思い通りにならないわが子に怒りを向けることもある。このような問題が，継続的な子どもの虐待に発展しないために，家庭生活支援の必要性が指摘されている現代である。育児につまづいた母親の支援には，まずその不全感を和らげ，子どもとの親密な経験の楽しさを知ってもらうように工夫することが大切である。

(3) 子どもの虐待

子どもの虐待が社会問題として取り上げられている。従来は，養育者が明らかな精神病を病むなど，子どもがあまりにも痛ましい状況の場合に，児童相談所の措置により施設に保護されていた。しかしそのようにおもてに現れる数は氷山の一角ともいわれ，厚生省は1990年代の後半，虐待の予防と治療を，改めて行政課題とした。

虐待を受けた子どもは，極端な場合は生存も危うい。人との関わりあいに緊張し，心の脅えや怒りに支配されて，外界への基本的な信頼感が育ちにくい。施設に保護されたある3歳児は，新しい環境への恐怖を和らげるために，トイレに行くたびに自分の排泄物を壁に塗りたくった。見慣れない環境に来て，自分の体から出たものだけが安心なものだったからであろう。この子どもは施設での保護的な生活のなかでも，少しのことで何時間も泣き叫び，周囲を困惑させていたが，数年かかってやっと「私は悪い子？」と質問できるようになった。虐待による心の発達停止には，時間はかかっても信頼関係の再構築から始めるほかなく，正常発達よりも長期の，生活全般を通した忍耐強い治療的養育が必要である。

## 4. おわりに

以上見てきたように，養育者は，子どもが愛着してくる心に，100％ではなくともほどよく応えていく必要があり，ゆとりのある母親には，あどけない存在を相手の子育ては楽しい経験でもある。

子どもの発達は，自然な生活のなかでおのずから達成されると考えられがちである。しかし，現代は環境がますます都市化し，核家族化，女性も職業をもつなど，親が養育役割を十分にとりにくい条件が増している。子どもたちが社会人としてすこやかに育っていくためには，早期から，育ちを支援する，という立場で発達を意識的に見ていく必要があり，またそのための親への社会的支援の充実も欠かすことができない。

# 3 家族のなかでの発達

## 1. 家庭の役割

　子どもの多くは生まれると同時に運命的な血縁による家庭の一員となるが，血のつながりのない親子，きょうだいで構成される家庭もある。いずれにしても，生活を共にしていくなかで，親子が出会い，お互いに影響を及ぼしあいながら，親として，子どもとして，それぞれが成長・発達を遂げていく場が家庭といえる。

　子どもの発達にともなって家庭の主な役割は，2つの方向への変化を支えることにある。一つは，子どもが社会の一員としての行動様式を学んでいく社会化の方向であり，もう一つは，この世の中であくまで唯一独自な存在としての自尊心と個性を生み出していく個性化の方向である。

　家族という一つのソーシャルネットワークのなかで，基本的なコミュニケーション・スキルを学び，人との関係の基礎を学んでいくと同時に，そこでは，子どもの生得的な個体的特徴や家族構成などによって一人ひとり異なる人間関係を経験する。また，家庭の置かれている地域や住宅事情などの物理的環境によっても，子どもが家庭生活において経験する内容は異なる。こうして，家族とのふれあいを通して社会化と個性化がもたらされていくが，ここで大切なことは，家庭で経験した人間関係のあり方が，家庭の外における人間関係を形成するモデルになるということである。このように親は，子どもの家庭生活における人的環境として大きな影響を及ぼすが，親自身もわが子を育てることによって発達していくことが示されている。たとえば，幼児の親を対象とした調査によると，子育てを通して，他者の立場に立つなど柔軟になり，自分を抑えて行動するようにもなったほか，運命や伝統を受け入れると同時に，視野も広がり，生きがいや存在感が感じられたり，自分の強さを感じるようになっているという（柏木・若松，1994）。また，子育てにともなうこうした変化は，母親については自身の幼少時に自分の母親に対して共感していたこと，そして現時点では子どもに対して行動的にベタベタしないような愛着をもっていることにもとづいているという（井上，1999）。子どもを育てつつ親自身が変化し，そうした親の変化が，今度は

子どもの家庭での育ちに影響していくという循環を読みとることができる。
　家庭の教育力が低下しているといわれて久しい。子どもの年齢なりに親子間に信頼関係があり，親子それぞれが家庭のなかに自分のゆったりできる居場所を見いだし，自分に向き合い，本当の自分を出し合いながら，共に育ちあう場であることが，いつの時代にも家庭の役割としてもっとも重要である。

## 2. 愛着の成立

　イギリスの精神分析医であるボウルヴィ（1976）は，人と人との心の結びつきを愛着と呼んだ。この愛着は依存とは異なり，大人になっても形を変えて，生涯，人がもち続ける人へ向かう志向である。このような愛着は生理的な欲求の充足とは別に，子どもが発するシグナルを敏感に感じとり，的確な反応を返してくれる人に対して形成される。
　愛着を具体的に示す愛着行動には3つの種類がある。1つは親がどこにいるのかを目で追ったり，親の声のほうを向いたりする定位行動，2つには微笑んだり，声を発したり，身振りなどで相手を自分に引きつけたり，接近させる信号行動，3つには子ども自身が接触を求めて相手にしがみついたり，はったり・歩みよる接近行動である。
　しかも，有能な乳児観からは，子どもは幼少から複数の人に対して異なった質の愛着を形成することが示されている。つまり，母親とは養育的なふれあいを介して，父親とは活発な身体的遊びを介して，それぞれに独特な愛着を形成する。
　子どもが抱いている愛着の質は，エインズワース（1978）が考案したストレンジ・シチュエーションという実験手続きによって検討されている。はじめての場面で，見知らない人が入室したり，母親と分離されるといったストレスが加えられたとき，子どもが母親に対してどのような行動を示すかによって，愛着の質は基本的に以下の3つに分類される。
①Aタイプ（回避型）　母親がいる・いないに関わりなく探索したりして遊んでいる。母親が近づいたり触れようとすると，逆に避けようとする。
②Bタイプ（安定型）　初めての場所でも母親がいれば安心して活発に探索し，母親がいなくなると，ぐずったり泣いたりして母親を求める

> **有能な乳児観**……従来，乳児は一方的に養育される受動的で無能な存在とみなされてきた。しかし，1970年代以降，静かに覚醒している状態では，生後間もない頃から乳児なりに感覚器官を働かせ，外界からの刺激を受け止め，反応を返すだけでなく，自ら積極的に外界に働きかけ，周囲の人々に影響を及ぼしていることが客観的に示されてきた。こうした知見にもとづいて，乳児は有能な存在であるととらえられるようになり，有能な乳児観は今日では定着している。

| | | |
|---|---|---|
| 1 | 実験者が母子を実験室へ導入し退出する | 母, 子, 実験者<br>30秒（所要時間） |
| 2 | 母は子に働きかけない。子は探索的に活動する | 母, 子<br>3分 |
| 3 | ストレンジャーが入室し、最初の1分はだまっている。次の1分は母と話す。残り1分は子に働きかける。最後に母にそっと退出してもらう。 | ストレンジャー,<br>母, 子<br>3分 |
| 4 | 1回目の母との分離場面。ストレンジャーは子にあわせて行動する | ストレンジャー,<br>子, 3分あるいは<br>それ以下 (a) |
| 5 | 最初の母との再会場面。母は子に働きかけなぐさめる。それから再び遊ばせようとする。バイバイと言って母は退出する | 母, 子<br>3分あるいは<br>それ以上 (b) |
| 6 | 2回目の母との分離場面 | 子<br>3分あるいは<br>それ以下 (a) |
| 7 | ストレンジャーが入室し、子にあわせて働きかける | ストレンジャー,<br>子, 3分あるいは<br>それ以下 (a) |
| 8 | 2回目の母との再会場面。母が入室し、子に働きかけ抱き上げる。ストレンジャーはそっと退出する。 | 母, 子<br>3分 |

(a) 子がひどく泣いたりした場合には短くする。
(b) 子が再び遊びはじめるのに時間がかかる場合には延長する。
＊ストレンジャーとは、この実験場面で乳児が初めて会った見知らぬ女性である。

◉図3.1 ストレンジ・シチュエーションの手続き (Ainsworth et al., 1978) 実験者が母子をプレー・ルームへ導入後、各3分間の7つの連続したエピソードが展開する。そして、見知らぬ人への反応（エピソード3、7）、母子分離への反応（エピソード4、6）、母子再会への反応（エピソード5、8）などにもとづいて、母親に対する子どもの愛着の質を分類していく。

行動を盛んにする。母親が戻るとうれしそうに迎え、再び活発に探索するようになる。

**③Cタイプ（抵抗型）** 母親がいなくなると不安になり、母親が戻ってくると近づいていくにもかかわらず、なかなか機嫌がなおらず、母親をたたいたり、けったりする。

最近では、これら3つの他に、Dタイプ（無秩序型）が分類されている (Main & Solomon, 1990)。これはA～Cタイプに見られるような行動の一貫性がほとんどなく、行動が組織だっていないのが特徴といえる。(Ainsworth & Eichberg, 1991)。

では、子どもの愛着の質は何によって規定されるのだろうか。その一つに母親との日常的なやりとりがあげられる。すなわち、Aタイプの子どもの母親は一貫して子どものサインに応じようとしない。Cタイプの子どもの母親は子どもの求めに応じはするものの、その応じ方に一貫性が見られない。そのため、子どもはどのように行動したらよいのかを予測することができない。Dタイプの子どもの母親には精神的に抑うつ傾向が強いものや、子どもへの虐待傾向がある。これらに対して、Bタイプの子どもの母親は、一貫した情緒的な対応を多く返すことから、子どもは自分の行動の結果を予測しやすく、自分の期待を裏切らない母親に対して信頼感を抱いていくと見られる。

こうした母親の子どもへの対応の違いには、母親自身の母親との関係が影響している、という。つまり、母親自身が親に対して自律しながらも安定した愛着関係をもっ

ていれば、その子どもも母親に対して安定した愛着を抱いているのである。それは、母親自身が人との関係についてもっているモデルが、自分が親となったときに、子どもとの関係のモデルとなっているからである。愛着は、こうして世代間で伝達されていく面が少なくない（遠藤，1992）。

一方、子ども自身の生得的な気質によっても愛着の質は異なってくる。Cタイプの子どもは怖がる子、イライラしている子が多く、Aタイプの子どもは逆に怖がらない子が多いといわれる（Cassidy, 1994）。したがって、子どもの愛着の質は、子ども自身の個性としての気質と親の個性を反映した働きかけとの相互連関によって生まれてくる。

これまでの研究によると、少なくとも1歳までに1人の愛着対象をもつことが、認知的・社会的発達を保障するには必要と見られる。たとえば、どう行動したらよいか自分で判断できないとき、誰かの表情などを見て決めることは社会的参照と呼ばれるが、このとき、愛着を抱いている人の表情を参照することが多いことは、そのことを示している。

## 3. 子どもの立場からの「しつけ」

「しつけ」とは『広辞苑』（第4版）によると「礼儀作法を身につけること」とある。子どもの社会化とも重なり、一般には大人が導いていく行為として受け止められている。

ところが、「しつけ」を子どもの立場から考えてみると、違った面が浮かびあがってくる。すなわち、子ども自身が自分を見つめ、自分本来のありようを模索しながらも、身近な大人やきょうだいをモデルとして、大人の要求に耳を傾け、その要求を受け入れていくには、どのようにしたらよいかを探るプロセスとみなせる。それは一方的に大人の要求を受け入れることではない。自分を見失わずに大人の要求を受け入れるには、逆に自分本来のありようにもとづく要求を大人に受け入れてもらうにはどのようにしたらよいのか、両者の要求の接点を探り調整していくことになる。このように「しつけ」を考えると、どのようなことを、何歳くらいに、どの程度身につけさせればよいかといった問題ではないことが容易にわかるだろう。少なくともあることが身についたとするならば、そのことが、子どもの日常生活での主体的な行動にどのような変化をもたらしたかを見ていくことが大切なのである。

しかし、親子関係を日米で比較した研究によると、母親が子どもに対して抱く期待は、日常の親子のふれあいを通して子どもに伝わり、いつのまにか子ども自身の目標

にすり替わってしまうのが，日本の親子の特徴だと報告されている（東，1994）。つまり，日本の子どもは日常生活で自分を見つめ，自分本来のありようを探るよりも，母親の期待を読みとり，その期待に即した行動をすることに関心が向いていると見られる。こうした傾向があるだけに，大人は子どもの主体的行動をとらえて，大人の意図した「しつけ」の方向に，子どもが自ら行動調整していくように働きかけるなど，あくまで子どもの側に立った「しつけ」を心がけていくことが大切といえよう。

## 4. 価値観の形成と文化

しつけは親の価値観にもとづいてなされる。だからこそ，しつけを通して，親が何を大切にしているのか，といった親の信念や価値観が子どもに伝わっていく。しかも，幼ければ幼いほど，子どもが日常生活において経験することは，親の信念・価値観によって基本的に選びとられているといってもよいだろう。たとえば，早期教育についての親の考えは，子どもの幼少時の生活経験を大きく左右し，そうした経験が，今度は子どもの価値観を形成していくことになる（鈴木ほか，1989）。

一方，日本では幼児の自己抑制は順調に伸びるのに対して，自己主張は頭打ちの傾向が見られる（柏木，1989）。これは，自己抑制への期待が自己主張よりも大きいという日本文化を反映している。実際，母親は子どもに我慢することをしばしば求め，我慢できたときにはほめるのに対して，自己主張はそれほど求めず，また，自己主張したからといって特にほめたりはしない（氏家ほか，1988）。このように子どもは自己抑制したときと自己主張したときでは異なるフィードバックを経験し，そうした経験が繰り返されることによって，結果的に日本文化に即した価値観を形成していくことになる。

これらに対して，自然を大切にし，人間を含めた動植物の生命を尊重するといった価値観は，家庭や文化を越えて人間存在の基底をなしている。慈しみ育てる心の働きである生来の養護性（小嶋，1989）は，家庭生活において動植物を育てるといった具体的な経験によってより意識化されていく。そうした経験には，子どもの年齢なりに，生命の誕生，成長，死についての理解，人としての善悪の判断，自分の行為への責任，といったことも含まれる。さらにまた，地球上にはいろいろな国・年代の人々や障害と共に生きている人々が存在すること，そして，そうした人々と互いに助けあいながら生きることが人としての営みであることを幼少時から伝えていくことも大切である。そのためには，さまざまな人とふれあう体験を通して，自分は人に支えられている存在であると同時に，人を支えうる存在でもあることを，子どもに気づかせていくよう

な配慮が特に必要である。しかも，こうした体験は長じて真の意味でのボランティアにつながっていくと考えられる。「障害は不便です。だけど不幸ではありません」（乙武，1998）という言葉から，人間存在の意味について学ぶものは多く深い。

## 5. 家族のライフスタイル

　最近の家族のライフスタイルは多岐にわたっている。結婚・出産後もフルタイムで働き続ける母親や，育児が一段落したところでパートタイムで働く母親も増えている他，母親が外で働き，父親が子育てを担う家庭も見られる。また，未婚の母，単身赴任，離婚などにより，単親での子育てを選択あるいは余儀なくされている家庭もある。さらに昼夜を問わない生活スタイルの時代変化にともなって，親子の生活時間が大きくずれている家庭も見られる。このような家族のライフスタイルの変化・多様化は子育てを担う保育所のニーズを増している。さらに，核家族にしても，拡大家族にしても，家庭生活において人としてのありようを追求する「個人化」志向が最近，特に母親に強まっていることが指摘されている（船橋，1995）。

　家族のライフスタイルは個々の家庭で独自なものであり，子どもが社会に適応していくうえで支障をきたさない限り尊重されるべきものだろう。しかし，そこで子どもが葛藤を経験する場合，親としての責任が問われてくる。

　その家族に独特なライフスタイルを親子で納得し，あくまで親子で担っていこうとする覚悟や姿勢があるならば，一時的に不適応をきたすことがあっても，長い目でみれば，それらを家族で乗り越えていくことによって，子どもはより個性的な発達を遂げていくと考えられよう。

　個々の家族のライフスタイルを親子それぞれが大切にしながら，子どもの発達を保障するためには，今日ある多様な公的・私的養育機関や人材を，子どもの個性に合わせて積極的に活用するだけでなく，さらに新たな子育てのサポートシステムを試行錯誤しながら創造していくことも必要であろう。そして，多様な家族のライフスタイルを受け入れる社会の柔軟さが今後ますます求められていくと思われる。

> **個人化**……家族や仲間などの集団において，その構成メンバーが共にあり集団としてのまとまりを形成していくことを集団化というのに対して，集団でいながらも構成メンバーがそれぞれに自分の居場所を求め，自分のための時間をもとうとすること，つまり時空間的に個人独自のありようを希求することを個人化という。家族生活において母親の個人化には世代差があり，若い世代の母親ほど個人化を求める傾向が大きい。一方，社会心理学では名前，職業などをもった個人としての意識をもっている状態を指す。

# 4 人間関係の拡大

　人間は，社会を作って相互に交流し，次世代を育成し，暮らしてきた。そのような人間の子どもにとって，対人関係を形成し，広げ，深めていくことは，それ自体が発達の重要な帰結であると同時に，発達の基盤にもなるものである。この章では，人との関係がどのように発達，変化していくのかについてスケッチし，またそれはどのような機能をもち，何をもたらすと考えられるかについて，検討していこう。

## 1．対人関係のはじまり

　子どもが最初に結ぶ対人関係は，親（あるいは主たる養育者）との関係であろう。子どもは，この関係をもとにして，新しく出会う他の人との関係を予想すると考えられる（遠藤，1995）。親との関係がほどよいものである場合には，他者は自分を基本的には受け入れてくれるだろうと思うことができ，必要以上に警戒することなく，相手からのメッセージをありのままに受け止めやすくなるだろう。特に，感情のコミュニケーションにおいては，自他の多様な感情に対して歪曲することなく開かれた認識と表出ができることが重要であり，そのあり方に，親子関係が深く関わる可能性が指摘されている（Magai, 1995）。

　また親は，子どもの対人接触の機会を設定する役割をも担っている。特に，乳児期および幼児期前半においては，子どもが同年輩の子どもと接触する経験をもてるかどうかは，親の設定いかんにかかっている。他児と接触する機会をもった場合には，親はさらに，他児とのやりとりを見守り，必要なら仲介し，いざこざが生じたときには交渉の仕方を例示し，してはいけないことを教えるといったことを通して，社会的スキルを子に伝授する役割をもっていると考えられる（Rubin et al., 1998）。

　そこにおいては，親が，子どもにとって仲間関係がどのような意味をもっていると考えているかが影響するだろう。子どもにとって仲間関係は重要であると考えていれば，その関係を積極的に作ろうとするだろうし，仲間とのやりとりに気を配り，必要なときには援助を惜しまないであろう。また，子どもは成長するにつれて，その生活

の場を拡大していく。親はそれに応じて，保育者，教師，地域の大人など，他の人に子を委ねていくことも必要となろう（市川，1997）。さらに，仲間とともにたくましく自立していくことを見据えるなら，子どもの主体性こそが尊重されるものとなろう。

なお，最初の対人関係には，第二子以降の場合には，きょうだい関係も含まれるだろう。親子関係がタテの関係であり，仲間関係がヨコの関係であるのに対して，きょうだい関係はナナメの関係であるといわれる（依田，1990）。きょうだいは，親と比べると対等な交渉相手であると同時に，弟妹から見れば兄姉は身近な社会的モデルであろうし，兄姉から見れば弟妹は養護する対象でもあろう。このような人が家庭のなかに存在することによって，子どもの他者理解が促進されることは想像に難くない（Dunn, 1988）。そしてもちろん，きょうだいは乳幼児期を超えて，互いに支えあう関係となりうるのである。

また，きょうだいに独特なのは，親をめぐる両価性（アンビバレンス）である（市川，1997）。兄姉は弟妹に対して，かわいがると同時に嫉妬するといわれる。この両価性は，家族に危機をもたらす可能性もあるが，およそ対人関係においてずれや葛藤が避けられないものであるとしたら，早期から家庭のなかで多様性のある対人関係を経験できることには，深い意味があるのではなかろうか。また，拡大家族における祖父母，他の親族などとの関係にも同じことがあてはまるだろう。

## 2. 仲間関係の広がり

乳児であっても，対人接触は家庭のなかの家族との関係に限定されているわけではない。接触する機会に恵まれれば，他の子どもに関心を示し，相互作用をすることが見いだされている。たとえば，生後4，5ヵ月児どうしが微笑しながら見つめあうといったことが見られる（川井ら，1983）。そして，1歳から2歳にかけては，おもちゃなどの物をめぐって取り合いをするなどのやりとりが出てきて，しだいに相手の存在そのものへ注目するようになり，相手の行動を真似したり，物を共有して遊んだりすることが可能になり，さらには，追いかけっこなどで追いつ追われつといった，相手と自分の役割を交替させて遊んだりすることができるようになる。

幼児期後半には，虚構遊び（状況設定や役のあるごっこ遊び）や，高オニ，ドッジボールなどのルールのある遊びが展開されるようになる。この時期に他の幼児たちとやりとりすることは，子どもに何をもたらすのであろうか。ときには超現実的な展開をみせることのある虚構遊びを見ていると，それは，子どものもてる想像力・創造力のレベルを高みに導く活動であると思われる。また，ルールのある遊びでは，互い

に従うべきルールを作って遊ぶ楽しさを経験し、ルールの必要性に気づいていくのではないかと思われる。

　幼児どうしの個々のやりとりに目を向けると、大人とのやりとりとの違いとして、次のようなことが浮かんでくる。すなわち、親をはじめとする大人では、子の思いを汲み取ってその思いに沿った行動を返すことも可能であるが、子どもどうしではそのような配慮はほとんどされないということである。しかしだからこそ、子どもどうしのやりとりのなかでは、自分とは違う意図や欲求が存在することに気づきやすいと考えられる。

　相手が自分とは違う意図や欲求をもっていることに気づいたら、次にはどうするだろうか。こちらがやりたい、やろうとしていることを伝えて、何とか自分の目標を実現していきたいと考えるだろう。そのためには、どのようにコミュニケートしたらよいか、必死で考えるのではなかろうか。

　次の会話は、33ヵ月児（トム）が友だち（32ヵ月児のジュディ）の遊んでいる木製自動車を何とかして貸してもらおうとがんばっているものである（Garvey, 1984）。

　　トム　　：なにしてるの？
　　ジュディ：（木製自動車のハンドルを持って）これをぐるぐるってまわしてるの。
　　トム　　：ぼくもやってみていい？
　　ジュディ：だめ。何ヵ月も前からずっとだめ。だっていまわたしがやってるんだもん。いちばんにわたしがやるの。
　　トム　　：終わったら、ぼくがやってみてもいい？
　　ジュディ：（ハンドルをまわし続けて）終わったら、トムもこれを手でまわしてもいいよ。こんなふうにやるんだから。（もう一度まわす）
　　トム　　：じゃ、もうやってもいい？
　　ジュディ：だめ。そうだ、このブブーを鳴らさなきゃ（警笛を鳴らす）。この青信号が終わったら鳴らすの。
　　トム　　：青信号が終わったらぼくがしてもいい？
　　ジュディ：青信号になったら、どうすると思う。わたしマクドナルドに運転していくの。……

　ここでトムは、ジュディのメッセージから材料を取り入れて要求を組み替え、何回も要求をしなおし、ジュディはジュディでトムの発言を受けながら何とか言い抜けて要求を入れないですむようにしている。子どもどうしのやりとりは、コミュニケーシ

ョン・スキルを向上させる格好の場を提供していると考えられる。そうして実際に子どもたちは，この時期から就学までの間に，たとえば要求をするときに，命令形ではなく疑問文などの形をとった間接的な要求の仕方をうまく使えるようになっていくのである（Garvey, 1984）。

## 3. 友だち関係の深まり

　児童期に入ってくると仲間は，単に遊び相手としてというよりもむしろ，親に依存していた幼児性から脱却する契機として，重要な役割を果たすようになると考えられる（井上，1984）。児童期から思春期にかけて，自分の行動の拠り所を，親や教師といった大人から仲間や友だちへと移行させるということが生じるのである。たとえば，ある研究で，小学生に「あなたが宇宙旅行に行く（あるいは食事をする，さびしいときなど）としたら，誰と一緒に行きたいか」といった質問をしたところ，学年が上になるにつれて仲間をあげる人が増えていったことが見いだされている（高橋，1983）。
　また，子どもに「友だちというのはどういう人のこと？」と尋ねてみると，6，7歳児では，一緒に遊んだり，しゃべったり，物をくれたりする人が友だちであると答えることが多かったが，9歳を過ぎる頃から，困ったときに互いに助けあったり，苦しいときに励ましあったりする人が友だちであると答えることが増えた。相互援助をする持続的な関係を友だち関係であるととらえるようになったのである。さらに，13, 4歳になると，互いのパーソナリティを理解する人とか共通したものの見方をする人といった，相互理解をあげるようになった（Youniss, 1980）。
　このような友だち理解の変化の背後には，他者の視点（思考や感情）を理解する力の発達があると考えられている（Selman & Jaquette, 1978）。たとえば，はじめは他者の視点が自分自身の視点とはどのように違うかを十分には理解できないことが基にあって，友だちのことを「一緒に遊ぶ」とか「物をくれる」といった，外に表れる行動によって説明するということが起こる。他者の視点の理解が進み，他者の視点と自分の視点を一時にそれぞれ一つずつなら考えられるようになると，友だちのことを「困ったときに助けてくれる」といった，内的な状態に適合した活動によって説明することが出てくる。さらに理解が深まり，他者の視点と自分の視点の両方を同時に考えられるようになると，友だちのことを「互いに相手を理解し合う」ということによって，説明するようになる。
　このように児童期に入ってくると，子どもの対人関係において仲間が占める割合が質量ともに増大する。この時期に仲間から受容されることの重要性は，それが，後の

心的健康度や，非行，犯罪傾向と関連が見いだされることからもうかがわれる (Rubin et al., 1998)。仲間から受容されることによって，子どもは情緒的な安定を得られるであろう。また，仲間とのやりとりは，社会的な能力を発達させる場であると考えられる。したがって，仲間から受容されないことによって仲間と交流する経験自体が乏しくなり，それによって，社会的な能力を発達させる場がいっそう狭まるといった悪循環に陥らないように，子どもが社会的スキルを身につけることを援助する必要があろう。

それと同時に，その子どもと集団との相性もまた，考慮すべき要因であると思われる。たとえば，攻撃的な子どもたちの集団では引込み思案な子は好かれなかったが，攻撃的でない子どもたちの集団では引込み思案であることと好かれるかどうかとは関連がなく，むしろ攻撃的な行動をする子が好かれないといった関連が見いだされた (Wright, et al., 1986)。当該の子どもの行動と，集団の規範との適合が問題なのである。そのような場合には，集団の規範を再考することが必要であると思われる。また，規範と異なっていると排除されてしまうという集団のあり方自体も問題をはらんでいる。「弱者も異質者もとりこむ仲間関係こそが追求されるべき」(井上，1992) ではなかろうか。しかしこれに反して，最近の子どもたちの仲間関係は，幅が狭まり多様性を経験しにくい方向へと変化しているように見え，危惧される。

## 4. おわりに

ここまで見てきたように，対人関係は，子どもの発達の基盤を提供する機能をもつが，いま，子どもは，その機能を十分に果たせる対人関係をもつことができているのであろうか。

現代社会においては一方で，情報化が進み，子どもであっても居ながらにして，地球の裏側の人々と瞬時に情報をやりとりすることも不可能ではなくなっている。親の海外駐在に連れられて転校していった友だちとも，インターネット上でなら文字や画像をほとんど時間的なずれなしにやりとりすることが可能である。それは，対人関係を維持し拡大する新しい手段となるかもしれない。ただし，手段が洗練されたとしても，何のためにそれを使うのかは，その人のもつ対人関係についての想像力に大きく規定されるだろう。実のある対人関係を経験しておくことが，そこでは非常に重要であると思われる。

他方では，少子化が進んでいる。遊べる時間，遊べる空間，遊べる相手が狭まり，多様な対人関係を結ぶことが難しくなってきている。きょうだいはナナメの関係であ

ることは前述したが，きょうだいが少なくなってきており，また異年齢の子どもたちが入り混じって遊ぶという経験ももちにくくなっている。これに対応するために地域に，もう一つのナナメの関係を作ろうとする動きがある。たとえば沖縄のある市では，青年会が子どもたちにエイサー（沖縄本島の盆踊り）を伝える場を作り，高校生が「アニキ，アネキ」として頼られている（天野，1998）。あるいは，大人が地域の児童館などに自分の特技（手芸でも語学でも木工でも演奏でも何でも）をひっさげて「オジサン，オバサン」として遊びにいくことも可能である。それは，子どもたちの経験の幅を広げることになるとともに，大人にとっても自分の対人関係のネットワークを広げる契機となりうるのではあるまいか。

対人関係のネットワークを広げるということは，青年期にある人たちにとっても重要な意義を有している。青年期には，自分とは何であるのかについて自らに問いかけ，自己像を構築する試みがなされる。この時期には，自分が考え感じていることを互いに表現しあい真摯に受け止め理解しあおうとする関係をもつことが，自己の発達にとって必要なことである（Harter, 1999）。それと同時に，現在の自分を相対化してみる経験も重要であると思われる。世代の異なる人たちとの交流や，背景となる文化の異なる人たちとの交流は，当たり前と考えていたかもしれない自分のあり方を問い直す好機となろう。

この章では，子どもを中心に対人関係を見てきた。が，いうまでもなく，子どもの対人関係におけるパートナーの一翼を担うのは，われわれである。われわれ自身は，どのような対人関係のネットワークを築きたいと願っているのだろうか。そしてそこでは，次世代を担う人たちとのどのような関わりをイメージしているだろうか。またこれから中高年，老年期に向かい，どのような対人関係をもちたいと考えているのだろうか。教師として何ができるのか，どうすればよいのかを考えるときにも，基本となるのは，人としてどのような社会でどのように人々と暮らしたいのかという問いであるに違いない。その問いをもとに，子どもたちの対人関係における直接のパートナーとして，また子どもたちの対人関係のネットワークを調整する役割をも担いうる者として，よりよいあり方を模索すべきであろう。

# 5 学校社会での経験

 子どもたちが最初に出会う大人が親であるならば，最初に出会う社会的な大人は教師である。学級という場における教師や同年齢の同輩たちとの関わりあいは，長い人生のなかでは短い時間にすぎない。だが，それが人生の比較的初期の時期であり，それまで知らなかった教師や子どもたちと関係をとりながら多くの基礎的事項を学ぶため，子どもの一生に大きな鮮明な印象を与え，いつまでも記憶に残っていることをわれわれの誰もが経験している。

 この章では，子どもたちが共通に経験する学校はどういう特性をもっているのか，学校という経験が子どもたちにとってもつ意味は何なのかを，歴史的視点も交えながら考察していこう。

## 1. 学校の役割と特殊性

 家庭の庇護のもとに過ごしてきた子どもたちは，6歳という年齢の区切りによって，学校社会という共通の体験を得る。集団で学習し生活することには，経済的理由の他に，個人一人の場合よりも環境の変化に対して柔軟に対応できるという利点がある。変化に対応するとき，個人一人の能力では限界があるし，不安がつきまとうものであるが，集団で対処するならば，多様性や複雑さに順応しやすくなることは経験的に誰しもが実感しているところであろう。

 もともと学校は，子どもが社会へ参加していくために必要不可欠な基礎的知識を，1年を単位として定められた学校行事，授業時間のなかで学び，修得するという課程

---

(1) 学校とは，ある意味においては，つねに社会人（市民）として一人前であることを要求してきた社会自身の手によって作られた唯一のモラトリアムを是認する公的な機関である，ということもできる。学校に所属している間は社会人としての振る舞いが猶予されてきたのだ。ところが近年，消費社会が低年齢層をターゲットにし始めてから，子どもたちも否応なしに社会に引きずり込まれるようになってしまった。ここに集団としての振る舞い方や基礎的な情報の習得を行う（ある程度モラトリアムな）機関であった学校の存在基盤は危ういものとなってしまったのである。もはや一刻の猶予も許されない。

を法律的に定め，それにもとづいて実行している機関である<sup>(1)</sup>。すなわち，小学校は6年間，中学校は3年間と定められ，義務化されている。そこでは，人生を生きていくのに必要な「3R's（読み，書き，そろばん）」という基礎的知識・技術を前提とし，現代社会の主権者としてまた主体者として必要な文化・科学・技術を享受し，発展させる基礎的な力を修得することが求められている。

同時に，子どもたちは，地域社会，学校（学級）社会，家族などの諸組織体・集団の態様や機能をそれぞれに理解し，社会的道徳やルールを獲得するとともに他の人々とのコミュニケーションの取り方や振る舞い方を学ぶなど，市民としての基本的な知識・態度を育むことが求められている。さらに，最近の教育目標として子どもの個別化・個性化が強調される社会的風潮のなかにおいては，自分の意見や考え方を他者に明確に伝え理解してもらう，その一方で相手の考えをよく聞き，相手の考え方に沿って誤解なく理解するためのコミュニケーションの取り方などが強調されるようになった。

かっては，職業選択にとっての必須な情報，たとえば医師になるため，縫製技師になるために必要なことは，あらかじめ社会にデビューする前に学校で学んでおく必要があったのである。特定の職業に就くために，必要な基本的な知識や情報を習得することや，その職業的態度や倫理観を身につけることは学校の役割であった[2]。

ところが，現代においては職種もそれに必要な基礎知識も飛躍的に増大し，またそのための基礎的知識や技術があまりに多すぎて，決められた時間内で習得することは不可能となってしまっている。

こうしたなか，1989（平成元）年に改訂された学習指導要領では，かつてのそれぞれの教科内容に関する知識や技能の獲得を中心とした学習から，考え方や考える力の育成を重視する学習への大きな転換が図られた。子どもたちはそれぞれの教科内容に関する多くの基礎的な知識を獲得するよりも，むしろ多くの情報のなかからどのような考え方にもとづいて，どうしたら自分にとって必要な情報を組み立て，処理できるのかという方法や考え方を学ぶことの重要性が指摘されてきている。さらに，2002（平成14）年度から施行される学習指導要領においては，前回（1998年）の改訂に「生きる力をはぐくむ」ことを加えることで，子どもたちが「自ら学び自ら考える

---

(2) 教育の役割として，①社会人（市民）の養成，②職業準備，③進学準備などがあげられよう。わが国においてどの部分が強調されているかということについてはさまざまな見解がある。だが，そのなかでも，職業準備教育は進学準備教育よりも優先されているとは思われないし，社会人の養成としての教育的意味あいを考えると，社会のルールやモラルを教えるという作業を少なくとも現在の学校教育のなかでは中心的に位置づけてはいない。モラルをモデル化して教え込むというよりも，モラルが提案される経緯や意味づけについて，もっと明確に意識づける必要があるのではないだろうか。

力」を育成することを標榜している。
　つまり，日本社会は，これまで海外の優れた科学的な知識や技術を学び，それらを活かしながら産業や工業を発展させ，豊かな生活ができるようになってきた。しかしこれだけにとどまらず，近い将来において，わが国から新しい考え方や優れた科学的な知識・技術を海外に向けて発信するため，創造力に富んだ子どもたちの育成に力を入れる方向に大きく転換しているといえる。

## 2. 教師－子ども関係，同年齢集団

### (1) 歴史的に見る子ども観の変遷

　わたしたちは，ともすると「子どもは誰しもかわいいものであり，保護される対象である」という今日の子ども観を，普遍的なものであるととらえがちである。しかしながら，有名な社会学者であるアリエスがその著書『〈子供〉の誕生』のなかで鋭く分析しているように，社会や家族と子どもたちとの現在のような関係は，近代になって「つくられて」きたものなのである。

　かつて子どもは，「小さな大人」として家庭内労働や徒弟制度のなかに組み込まれ，早期の段階から労働力の担い手であった。これは西洋社会のみならず日本社会においてもつい先頃まで社会的な慣習であった。家族のなかで庇護されて暮らす子どもたちはごくわずかな富裕な家の子弟たちのみでしかなかった。ほとんどの子どもたちは，労働の場で，家族以外の人々と交わって生活することが多く，そのため地域共同体の一員としての意識を早くから獲得していった。

　周囲の人々は自分よりも年長の人たちであり，仕事上でも遊びでもその知識や技能は自分よりも卓越しており，いわば教師であった。そして，やがて自分よりも年少のものたちがその集団に加わったとき，今度は自分が教える側に回っていく。そんな日常のなかで，子どもたちは労働や遊びを覚えていった。

　ところが，近代になると，子どもは労働から解放され，保護されるべき存在として学校という制度へと向かわせられたのである。こうした学校化の背景には，わが国の近代化政策の一環としての強制力が強く作用し，それには国民の同調性の強さや平等意識などがあいまっており，教育の効率的な伝達など，さまざまな社会的な要因が含まれていた。

### (2) 学校化によってもたらされた同年齢集団のもつ意味

　学校制度の普及によって，それまで徒弟制度や家族労働で早期に大人社会に組み込

まれていた子どもたちの環境は大きく様変わりすることとなった。子どもたちは異年齢の子どもたちと一緒に職場でさまざまな大人や先輩から教わるのではなくて，同年齢の者たちが一人の教師に教わるような知識伝達のシステムのなかに組み込まれていったのである。

学校は，高度化する産業社会の要請に合わせて，効率的に質のよい労働者を育成するという国家・産業界の要請を背後にもっていた。それはまた，社会が子どもの存在に大きな関心をもち始め，すべての子どもに年齢に応じた教育の機会を提供するという，理念の現れでもあった。また，子どもに対する配慮と大人社会からの分離を意識し始めたことの結果でもあった。子どもと大人の分離は，成人映画の指定，飲酒，喫煙の年齢制限など，他にも現代社会のいたるところに見られる。

ちなみに，同年齢の子たちと集って教育を受けることは，子どもの成長にとって次のような意義のあることがわかっている。①子どもたちは，友だちへの同一視や模倣によって社会的態度や価値観を形成し，教育的抱負や職業的抱負をもつ。子どもは友だちによって社会化（socialization）される。②子どもたちは，友だちとの関係によってコミュニケーション，協調，攻撃や防衛，相手の立場にたって考えることのできる対人的な能力（interpersonal ability）を学ぶことができる。③子どもたちは，友だちとの関係によって他の子どもと協調したり，互いに依存したりする。このようなポジティブな相互作用や友だちからの受容は，子どもの自尊感情を高め，将来的な精神的健康さ（mental health）をもたらす。④子どもたちは，友だちと頻繁に交わることによって性別役割アイデンティティ（sex role identity）を学習する。このように，子どもたちは，これらの同年齢の子たちとの関係を通して，道徳や社会的能力，性別役割などを自然と身につけることで，親から独立するための準備として，精神的な自立心を育てる（蘭，1992）。

一方で，学校は，子どもを一般社会から隔離し，同年齢集団に閉じこめることになったともいえる。いま噴出している子どもの問題の多くは，大人社会が子どもを分離しようとして子どもたちから隠蔽してきたものが，テレビや雑誌，インターネットなど，高度情報化社会の到来によってその垣根が取り払われたことによるのではないかという仮説も成り立つ。このように考えていくと，改めて大人社会，異年齢集団との交流が，現代の教育問題を考えていくうえで大きな課題であり，意味をもつのではないだろうか。

## 3. 学級風土

　教師は，かつては知識や文化の伝達者，社会の代弁者としての揺るぎないアイデンティティをもつことができた。しかしいまや，知識伝達のルートはマスメディアを通じて多様化し，たんに知識を伝える者としての役割を剥奪されつつあり，子どもにとっては自分たちの自由な時間を管理している嫌な存在でしかなくなってきている。そうした教師に対する意味づけの変化が，過去にうまく学級を経営してきたベテラン教師にとまどいを感じさせたり，自己の役割や存在に対して疑問を抱かせたりしている。そして，そんな教師のとまどいが，逆に子どもたちの不安や親の不満を募らせ始めているのである。

　現在，いささかオーバーすぎるきらいはあるが，学級崩壊現象ということが盛んにマスコミでも取り上げられている。教師の間では，このような事態が広く世間に喧伝されるようになる以前から，「最近の子どもは何かおかしい」という声があがっていた。教師たちは，これまでとは異質な子どもたちの変化を，日常的なふれあいのなかで感じ取っていたのである。

　子どもも教師も，大きく変化する社会や文化のなかで生きている。そして学級という場で，多様な個性からなる集団を形成している。学級は家庭，地域や行政からの要請を背景にし，教師と子どもの関係を中心として形成されるが，制度的な側面だけでは把握できない社会的・文化的な影響を受けつつ，教師と子ども，子どもと子どもの複雑な人間関係が営まれている場である。そこにはそれぞれの学級に固有の「風土」が生まれる。風土というのは，時代や環境の違いなどから生まれるその社会・集団がもつユニーク（独自）な雰囲気のことである。教師には，学級をこうした風土として，全体的に見る眼が要請されているのではないだろうか。

## 4. 他の教育機関の存在

　現在の日本では，学校教育機関以外にもたくさんの他の教育機関が存在する。他の教育機関としては，塾，稽古ごとやスポーツ，野外活動，青少年文化センターなどがある。すなわち，進学や補習を目的とする学習塾以外にも，従来から存在していたそろばんやお習字の塾，ピアノや絵画教室といった芸術に関する私塾，水泳やテニスといった運動に関する塾が存在する。また，野球やサッカーといったボランティアによって経営されているもの，青少年文化センター，青少年の野外活動や宿泊キャンプを

実施するものなど多様であり，これらは学校教育活動を補完し，補強するものであり，学校教育機関との連携が重要視されている。そして，学校教育機関との連携とともに，家庭や保護者の個人的要請でなされていたこれらの活動は，今や学校教育を脅かしつつあるといってもよい。

　子どもの教育は学校教育機関が責任をもって行うものという近代社会に存在していた共通理解は崩れつつある。子どもの教育は保護者の自己責任で行うという考え方は，米国のチャータースクールやフリースクールの考え方にまでいきつく。しかしながら，一方では，未来の社会の担い手である子どもの教育は，公が責任をもつべきであるという主張にも，開発途上国の教育事情などを考えれば，うなずけることが多い。

　公と個がどうやって，子どもの教育のどの部分を責任を分担し，協力しあっていくかの議論が，その具体的成果をともないつつ，相互信頼関係のなかで行われるべきであろう。

## 5. おわりに

　教師と子どもの関係は，単なる「教える‐学ぶ」という枠組みでとらえることはできない。教師も子どもも多様な価値観や倫理が交錯する現代という時代からの影響を受けており，そうした社会のあり方と切り離して，教育の担い手と受け手という関係だけでとらえることはできないのである。多様な視点を視野に入れながら，社会のなかで教育を考え，教育を通して社会に関わっていく，そうした姿こそがこれから求められる教師‐子ども関係であり，学校像ではないだろうか。

# 6 人間の学習の特殊性

　人は学習する動物である。原生動物から人間への進化の段階で，走性，反射，本能による適応行動から，しだいに後天的な学習による外界適応が支配的となり，肥大化した大脳（新皮質）をもつにいたった。人間の生活にとっては，学習がもっとも重要な役割を果たす。出生後の長期間にわたる養育，教育といった学習経験が，環境への適応行動や，人となりの形成にとって大切なものとなるのである。

## 1. さまざまな学びの形式

　子どもは，一人前になる社会化の過程で環境からさまざまなことを学び，そして学んだことは知識として蓄えられていく。ブルーナー（1966）は，そのような知識の表象には3つのタイプ（水準）があるという。①自分の行為によって再現される動作的表象，②映像的なイメージとして思い描かれる映像的表象，③言葉という記号によって叙述される象徴的な表象である。彼は発達にともなってそれらの表象化が，動作的→映像的→象徴的と順に，以前のものに加わって新たに出現してくるという。
　それは学び方の発達にも平行してあてはまる。言葉を話す以前の学びや，話し始めた頃の学びは，自分がスルコト（行為）を通して学び，できごとをミルコト（その具体的なイメージ）によって学ぶことが主である。しかしながら，それだけではなく，言葉によって学ぶといったことがしだいに主導的になってくる。たとえとして少し古いが，ケンドラー（1962）らによる逆転‐非逆転の移行学習をあげよう（図6.1）。まず原学習として，色と大きさの次元で異なる2対で弁別学習を行わせる。ここでは，大きいほうを選べば報酬が得られるようになっている。この事態で正反応が連続する（間違えずに大きいほうを選べるようになる）まで学習させた後，移行学習が導入される。一つは逆転移行学習で，先ほどとは逆に，今度は小さいほうを選ぶと正反応となる。他方の非逆転移行学習では，黒いほうを選んだときに正反応となる。その結果を見ると，ネズミや5，6歳以下の子どもでは非逆転移行学習のほうが，それより上の年齢では逆転移行学習のほうが相対的に容易であった。このような現象を言語媒介

仮説から説明してみよう。単純な刺激と反応の結合で学習するネズミや子どもにとっては，移行学習になったとき両方とも結びつきを変えねばならない逆転移行学習のほうが，一つだけですむ非逆転移行学習より難しいことになる。しかし外的刺激が言語的概念によって媒介されるようになると，原学習において「大きさ」という次元を抽象し，子どもはそのうちの「大きい」ほうへ反応を結びつける。したがって，逆転移行学習では同じ大きさ次元のなかで「大きい」から「小さい」へと反応を切り換えればよいだけであるが，非逆転移行学習ではそれまでの大きさ次元を捨て，新たに色の次元を選択し直し，かつそのうちの「黒い」ほうを選択しなければならない。その結果，逆転のほうが非逆転の移行学習よりも容易になるというのである。その他さまざまな同様の研究から，いずれもこの5〜6歳頃を境に，言語が学びにおける重要な媒介として機能するようになってくる。できごとを行為やイメージにもとづいて把握するだけでなく，しだいに言葉の概念を仲立ちとして状況が把握（情報が変換，操作）され，保持されていくようになるのである。

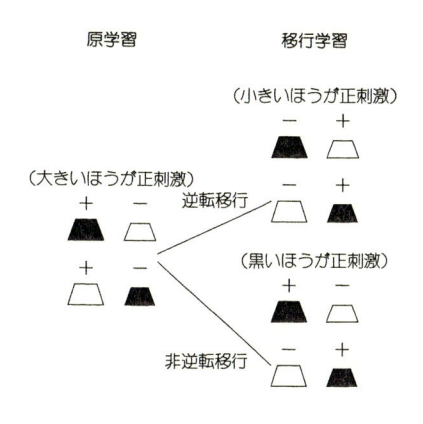

●図6.1 移行学習の事態(Kendler, H.H. & Kendler, T.S., 1962)

特に学校で読み書きの学習が始まると，言葉を介した学びが中心となってくる。そして具体的なできごとや事象の背後にある一般的で抽象的な概念や法則を学ぶことが求められるようになる。子どもは，そのような命題的知識を，教科書や教師の言葉を媒介として学んでいかなければならないのである。

## 2. 学校の言葉と学び

このように，学校の学びにおいては言語の役割が特に重要なものになってくる。語彙の能力，話し聞く能力，さらに読み書き能力が，学校の学びを支える不可欠な基盤となるのである（岩田，1995）。したがって子どもの語彙数や言語能力が学力と密接な関係を示すのは決して不思議なことではないのである。

われわれは言葉によって実体的な概念だけでなく，直接的にはとらえられない抽象的な概念を手にすることができる。さらに現実には存在しない観念的な世界さえ創り出すことができるのである。

このような一般化・抽象化の道具として言葉を使うことは，特に小学校の中学年頃から多くなってくる。教科書を見ると，抽象的な概念を表す漢語が急激に増えてくるのもこの頃である。これらの漢語の意味を獲得できるかどうかが，授業の内容を理解できるかどうかの分岐点になってくる。さらに高学年にかけて，これらの抽象的な言語的命題を操作しながら論理 – 抽象的に考えることが求められる。小学校へ入学したばかりの低学年では，まだ具体的な生活学習といった側面が強い。しかし，中学年頃から学びが抽象的な内容（概念）になってくると，言葉を介して抽象的な学びの世界へと本格的に足を踏み入れ始めることになる。それは子どもにとって乗り越えるべき大きな壁であり，つまずきの原因ともなる。そして，この頃から子ども間の学力差もしだいに目立ってくるようになってくる。「9，10歳の壁」という言葉がある。これは，もともと聾教育のなかで使われ，聾児は言語力の不足によって小学3～4年生を境に教科の学習にいっそう困難をきたすという現象を指したものである。最近は，健聴児であっても同じように，学びにおいて乗り越えなければならない抽象の壁の時期として論議されている。このような抽象的概念の世界は，子どもにとって理解することが急に難しくなる。いくら熱心に教えても，子どもが割合や分数といった抽象的な概念をなかなか理解してくれないといった経験を味わうことにもなる。

　言葉による経験の一般化・抽象化によって，眼前の具体的な学びの状況を越えて，そこからルール（法則）を抽象し定式化することが可能になる。たんに個々の体験的な学びに終わるのではなく，そこに一般化しうる法則性や命題的知識を抽象して学ぶことによってこそ，まだ経験していない未知のことがらに対しても根拠をもって予測できるのである。まさに科学的に振る舞えるのである。このような法則的な学習は，言葉という思考の手立てによって初めて可能となってくるのである。

## 3．学びにおけるメタ化

　日常のやりとりのなかで，いつとはなく自然に学ばれる話し聞く言葉とは違って，読み書きは意図的に教育されねばならない。本格的な読み書き言葉の指導によって，学校では脱文脈的に言葉を使用する能力が求められる。それは，書いてある言葉だけから意味を理解し，言葉のみによって意図を伝えるといった脱文脈的な言語の使用能力である。話し言葉においても，教室では論理的にすじみち立てて話すことが求められる。このような文脈に依存しない話し言葉を語り言葉と呼ぶこともある。学校の授業では，教師の語る説明や教科書から知識や概念を学びとっていかなければならないのである。そこでは意識的，自覚的な脱文脈的言葉の使用が求められ，さらにその能

力が磨かれていくのである。それによって一般化しうる抽象的な知識や概念の学びが可能になっていくのである。

脱文脈的な言葉の使用は，自分の言葉のメタ化能力を一段とうながすことになる。特に小学校の3〜4年生頃には，読み書きの習熟によって言語のメタ化能力が，それまでとは違った深まりを見せてくる。それは作文の表現能力や，文章の批判的な読み能力の発達などにおいて見ることができる。

この深まりは，学びや思考の過程においても重要な変化をもたらすことになる。自分の言葉の使用に自覚的になることは，言葉によって自分の学習や認知の過程がより内省的にとらえられるようになるからである。自分の学びや認知のメタ化は，それらの過程を自らが意識的に制御することを可能にしていく。学び手が自分の認知や学習活動を自分で制御できるようになることは，子どもの学習や認知の機能を飛躍的に高めることになるはずである。岡本(1991)は小学5年生を対象に，「ドラム缶のなかに石油が入っています。ドラム缶の重さは3キログラムです。このドラム缶に石油を入れたまま測ると34.85キログラムです。この石油1リットルの重さは0.91キログラムです。ドラム缶に入っている石油の体積は何リットルですか」といった算数の文章題を与えた。その際，あらかじめメタ認知能力の高低群を見るために，表6.1のようないくつかの質問を行っている。その結果，高いメタ認知群は，結果の予想，問題の理解，プラン，実行，結果の評価といった一連の問題解決過程にわたって効果的な自己制御を行っており，知能テストの成績とは別に，メタ認知能力の高低が算数の文章題の解決能力に影響することを明らかにしている。したがって，自分の問題解決過程を監視する（モニタリング）技能

●表6.1 メタ認知質問例（岡本，1991）

| 質　問　項　目 |
| --- |
| ●あなたは算数の問題を解くとき何度も読み直しますか。（はい　いいえ）<br>また，それはどうしてですか。 |
| ●あなたは算数の計算問題で間違いやすいところに気づいていますか。（はい　いいえ）<br>それはどんなところですか。 |
| ●算数の問題を解くときに，あきら君はいつもスピードに気を付けてすばやく解いていきます。まさる君は問題を解く時に時間をかけてゆっくりと考えます。どちらの方がうまく解けると思いますか。（あきら　まさる）<br>それはなぜですか。 |
| ●あなたは算数の文章題を解いた後で答を確かめますか。（はい　いいえ）<br>また，なぜ確かめなければならないのですか。 |
| ●次郎君は算数文章題を読み終えるとすぐに解いていきます。正男君は読み終わって少し考えてから解いていきます。どちらの方が問題をうまく解きますか。（次郎　正男）<br>なぜそう思うのですか。理由を書いて下さい。 |
| ●算数文章題を解くとき太郎君は図を描いて解きますが，花子さんは図を描いたことはいちどもありません。どちらが上手に解くことができますか。（太郎　花子）<br>また，それはどうしてですか。理由を書いて下さい。 |
| ●あなたはテストのときどんな点に注意していますか。良い点をとるために工夫していることがあれば書いて下さい。 |
| ●花子さんは遠足について作文を書くことになりました。作文を書く前にどんなことをよく考えておけばよいでしょうか。 |

を高めていくことが効果的な学びにとっては重要なものとなるように思われる。

　自らの認知や学習の過程そのものをモニターするメタ化能力は，特に読み書きの習熟とあいまって小学校のなかば頃から急激に育ってくるようである。またこの頃には，まわりから自らの認知や学習をメタ化することへの要求も強くなってくる。たとえば「よく問題を読んでごらん」「もう一度見直してごらん」「検算して確かめなさい」「どうしてこういうふうに考えたの」「いま何がわかっていて，どこがわからないの」……と，自分自身の学びの過程や状態をたえず内省的にモニターし，自己点検していくことをうながすような働きかけである。そのようなメタ認知をうながすような問いかけは，学校のみならず家庭においても頻繁になってくるようである。教師は，自分の記憶や学習の活動にとって役立つさまざまなメタ化方略（覚え方，学び方）を子どもに説明したり教えることが，それ以前よりも多くなってくるという外国の研究も見られる。

　このような学びのメタ的な制御能力は，読んだこと聞いたことを自分のなかでもう一度吟味したり，批判的にながめるといった能力を養っていく基盤ともなるものだろう。このような学びこそ，まさに人の学びの特徴ともいえる自己教育力を培っていくことになるように思われる。

> **メタ化能力**……メタ（meta-）という接頭辞には，もともと「超え出る」といった意味がある。そこを超え出て，より高みからそのものをながめるといったニュアンスをもっている。したがって，言語のメタ化能力とは，いままで意識することなく使っていた言葉そのものを対象として自覚的にとらえることである。読み書きの獲得は，まさにそのようなメタ化能力を必要とする。また自分の遂行している認知過程の状態や方略を点検，評価するメタ認知能力も自己の学びの統制や調整にとって重要となる。

## 4. 類推から学ぶ

　人は論理的に考えて学ぶだけではない。人の学びのもう一つの特殊性は，類推（アナロジー）によるものである。それは未知のことがらを学ぶのに，すでに自分が知っている別の領域の馴染み深い知識をモデル（ベース）として，それに置き換え，対応づけながら類推的に理解しようとする認識の方略である。未知のことがらを，異なった領域の既知のことがらに例えながら学んでいこうとするのである。比喩的な思考による学びである。たとえば電流，電圧，抵抗といった基本的な概念をパイプのなかを流れる水流にたとえて説明するといった類推による学びである。しかし，このような比喩的な類推による学びは，学ぼうとすることを深く理解させていく過程ではしばしば不完全で，ときに誤った理解を導くこともある。そのような限界や問題点をふまえておくならば，特に初学者にとっては，これから学ぼうとすることがらを直観的に理解させるのにはとても有効な方略であるように思われる（岩田，1988）。

授業のなかでも，このような比喩を用いた説明は，子どもにとって直接には把握しにくいことがらや関係を直観的に理解しやすくさせる有効な手立てとして使われている。それは「これは○○にたとえられるね。いま勉強していることを○○にたとえて考えてみようか」など，といった類推による学びをうながすような言葉かけにおいて見ることができる。このようなうながしのなかで子どもたち自身が，「こういうときにはこのように考えたり，こんなふうに学んでいけばうまくいく」といった学びや認識のメタ方略を形成していくことが望まれる。このような学びの力こそ，自らが創造的に学んでいく能力を育むことになるように思われる。

　類推による学びは，単純な水準ならチンパンジーにもその芽生えは見られる。しかし，表層的にはまったく異なる本来は関係のない領域のことがらどうしを結びつけ，たとえやあてはめ，連想することによって類推し学ぶといった複雑な能力は人に特有のものである。ホリオークら（1995）は，5～6歳になると知覚的な類似性に束縛されない高次の関係間にもとづいた類推が可能になり，人以外の種の類推能力をはるかに超えたものになるという。教室の学びにおいても，たとえ，あてはめ，連想といった学びの方略に気づかせ，それをうながすような教師の工夫が，子どもの学ぶ力，考える力を育んでいくのに重要なものとなるように思われる。

## 5. 関係としての学び

　「学ぶ」は「まねぶ」といわれるように，学びは決して一人だけで生じるものではない。特に子どもは人との社会的なやりとりを通して（介して）学んでいくのである。子どもの学びは，長い期間にわたる教育のもとに達成することができるのである。学校という学びの場は，教師と子どもの間の「教える－教わる」という関係だけでなく，子どもどうしが相互に教えあい，共に学びあうという関係のなかで成立する。子どもの学びの活動は，教師や仲間との社会的なやりとりのなかで構成されていくのである。したがって学校においては，教師と子どもや，子どもどうしの間にどのような関係性が構築されているかが，子どもの学びを方向づけたり，学びを動機づけたりするのに重要な影響力をもってくるのである。それには，子どもの学びを援助していく確かな授業技術だけでなく，子どもが自分なりの意見や考えをもち，それを自由に表現できるような雰囲気や集団づくりができるかどうかといった教師の目配り心配りが重要なものとなってくる。そのなかで，子どもの信頼関係も形成されてくるのであろう。特に人の学びにおいては，そのような関係性の構築こそが，学びの活動を成り立たせ，根底で支えていくことになるのである。

# 7 感じ方とやる気

## 1. やる気（動機づけ）とは

　この表題にある日常用語としての「やる気」というのは，心理学では通常，動機づけと呼んでいるものに相当する。

　さて，やる気とはどのような性質をもつものであろうか。筆者はやる気を「行動を一定方向に向けていく意識や潜在的エネルギー」と考えている。顕在的な行動の強さと潜在的なやる気の高さはおおかた，対応関係にあるが，つねに一致するわけではない。運動選手がやる気があまりに高まりすぎて大きな大会で十分な結果が出せないのはこの例である。

　次にやる気の機能を考えると，やる気は現実の行動を引き起こし，それを持続させ，かつ調整し，再度同じ行動を生じさせる働きがある。ただし，何らかの行動を初めて引き起こすときに機能するやる気と，行動が開始された後，目標到達まで行動を維持するために機能するやる気とは性質がやや異なるものかもしれない。たとえば，さまざまなことを学習しようと決意し行動し始めるが，すぐにあきらめる子どもや，逆に自分から学習しようという決心がなかなかつかないが，いったんやり始めると，たとえ困難な場面に遭遇してもあきらめずにがんばる子どもがいることを考えれば明らかであろう。さらにこれに関連して，やる気には短期的なものと長期的なものがあることも理解しておく必要がある。すなわち行動開始と目標到達までの時間が短いやる気と長いやる気が存在する。ある数学の問題を解こうとする短い単位のやる気もあるが，1年後の入試に合格したいという長い単位のやる気も存在するのである。

　やる気の性質としてもう一つふれておかねばならないことは志向する目標が何であるかによってさまざまな種類があることである。やる気は主体者側に積極的な意志が働く概念であるが，その背後には受動的な意味も含めた欲求が存在する。マズロー(1962)は欲求の階層を想定し，生理的欲求，安全の欲求，所属の欲求，自尊の欲求という欠乏動機が順次満たされた後に成長動機である自己実現の欲求が喚起されると考えた。子どもたちの行動に関しても食欲や排泄欲求，身の安全の欲求を満たす環境を

与えないで，夢や希望の実現のためにがんばれといってみてもそれは無理であろう。また，学習へのやる気だけに注目してもその目標は多様である。すなわち，周りの人に承認されたいために勉強することもあれば，自尊感情を保つために勉強することもある。一方，やること自体が楽しかったり，進歩することに意味を感じて勉強することがある。前者は通常，心理学では外発的動機づけ，後者は内発的動機づけと呼んでいる。これらは一見，対立しているように見えるが，相互に影響しあっている面もある。

## 2. 感じ方の諸側面

　一般的に「感じ方」という場合，さまざまな意味が含まれていると考えられる。まず，どのように見ているかという知覚という意味での感じ方がある。たとえば，提示された教材が複雑そうに見えたり，先生の説明の仕方が難しそうに聞こえるというのがこれに該当する。次にどのように考えるかという意味での感じ方があろう。たとえば，ある行動結果の原因について考えて，努力のせいであると感じたり，能力のせいであると感じたりする。これはワイナー（1974）の提案した達成動機づけの原因帰属理論に関係するが，失敗の場合，原因を能力の低さに帰属すれば，次に同じようなことをする場合にもっとよい結果が得られるだろうという期待の上昇は考えがたい。しかし，努力不足に帰属すれば，次は努力次第でよい結果が得られるかもしれないというので期待の上昇が考えられ，能力の低さに帰属するよりもやる気の高まりが予想されるのである。原因帰属は過去をどう見るかという問題であるが，将来をどのように見るか，考えるかという感じ方もやる気と不可分な関係にある。これは時間的展望と呼ばれており，それが明瞭で肯定的な場合にやる気は高まるといえる。自分がこれからどこに向かって歩いていくのか，何をめざして，いつどのように行動していくのかの地図がまったく描けないような人のやる気が高まるはずがないのである。

　上述の感じ方は認知と呼ばれるものに該当しようが，他に感情とか情緒という意味での感じ方が当然存在する。うれしい，楽しい，喜びなどの正の感情から，悲しい，腹が立つ，憎いといった負の感情までが教室内には飛び交い，充満している。これらは，個々の子どもが感じる感情であるが，それを引き起こす源はさまざまである。それは，たとえば，先生の対応の仕方，友人の発言，教材や学校の物理的環境等である。

　さらに，人々がもつ価値なり価値観なりも，もう一つの感じ方といえるだろう。社会化・個性化の過程で人々は，社会にとって，あるいは自分にとって何が大切か，意味があるかといった感じ方を身につけていく。大切だと思うことがらにやる気が向けられるのは当然のことであろう。

さて，これらの感じ方がやる気と密接な関係にあることはいうまでもなく，感じ方そのものがやる気に含まれているという見方も成立する。しかし，感情，認知，価値といった感じ方の成分がやる気に関与する割合は発達とともに変化する。すなわち，幼児や小学生低学年児では快・不快の感情を中心にした感じ方がやる気を大きく左右するが，やがて認知能力が高まるにつれて認知・思考がやる気を規定する部分が大きくなる。さらに，青年期以降になると個人の価値観が明確になるので，価値観にやる気が大いに影響されるようになる。

　次に何に対する感じ方かという視点から分類して，やる気との関係について見てみたい。

## 3. 自分自身に対する感じ方とやる気

　先に述べた原因帰属の例も自分自身の結果に対する感じ方とやる気の問題であるが，他にも注目すべき自分自身に対する感じ方がある。まず，さまざまな事象や行動を自分自身で統制できるかどうかという感じ方がやる気を規定する。たとえば，人の個人的・社会的事象が努力や能力により左右されると感じている者と運や他者の力に左右されると感じている者とでは一般的な意味でのやる気も異なってくる。このような特性的な傾向をロッター（1966）は統制の位置（locus of control）と呼び，努力や能力によると感じやすい内的統制型の人が一般にやる気が高まるとした。さらにセリグマン（1994）は成功・失敗の原因の帰属の仕方について，本人自身による要因か，本人以外による要因に帰属しやすいか（統制の位置の次元），将来同じことが起こったときも原因になると認知しやすいか否か（安定性の次元），特定の場面だけか，生活全体に影響すると認知しやすいか（全般性の次元）という観点から悲観的な説明スタイルをとる人と楽観的な説明スタイルをとる人があるとした。悲観的な説明スタイルとは失敗を内的で・安定した・全般的な原因に帰し，成功を外的・不安定・特殊的な原因に帰す傾向であり，楽観的な説明スタイルとはまったく逆の帰属傾向のことをいう。悲観的な説明スタイルをとるほどやる気が低下することはいうまでもない。

　さらに，予想される結果を望ましいものにする行動を実行できると感じるか否かの感じ方がバンデューラ（1977）のいう自己効力（self efficacy）である。たとえ客観的には同じ力を有したとしても，自己効力の高い人と低い人では行動上，差が出る場合が多い。自己効力は「自分はできる」という気持ちを意味するので，正の自尊感情を含んだものであることはまちがいない。そして正の自尊感情は自己の価値を高めるような記憶・期待・判断を促進するので，自己効力が高い場合にやる気が高まるもの

と思われる。一方,「恥ずかしい」のような負の自尊感情がやる気に与える影響は複雑である。負の自尊感情が自己の価値を低めるような記憶・期待・判断を促進し,やる気を低める場合もあるが,逆に負の自尊感情を拭おうとすることでやる気が高まる場合もある。

## 4. 他者に対する感じ方とやる気

### (1) 先生

　先生をどのようにとらえるかという感じ方は子どものやる気にどのように影響するのであろうか。

　まず第一は先生との人間関係に関わるものであろう。先生を受容的かつ親和的であると感じるほどやる気が高まると考えられる。それは先生を一つのモデルとして同一視しやすくなるためと思われる。そしてまた,行動について先生から賞賛されるにしろ,叱責されるにしろ,親和的な関係にある場合のほうが影響力が強いためと考えられる。

　第二には先生の自分に対する期待の感じ方があげられる。これは教師期待効果,ピグマリオン効果としてよく知られているものであり,期待されていると感じることによって,その期待に応えようとやる気が高まるものと思われる。しかし,過剰な期待は子どもにとって重荷になり,かえってやる気を低下させることもあるので注意を要する。また,この期待に関連して,先生が自分の行動なり成績の原因をどのように見ているかという感じ方もやる気に影響することが知られている。たとえば,当てられて答えられないとき,先生がじっくり待たないですぐにほかの子に当ててしまうような行動から,子ども自身,その先生が自分のできない原因が能力の低さにあると思っていると推測し,能力の低さが原因ならば努力しても仕方がないと考えてやる気を低下させてしまう。さらに先生のもつ価値観の感じ方も重要である。たとえば,ある先生が算数は学校の教科のうちでもっとも大切なものであり,国語は日常生活のなかで学習していけばよいと考えるような場合には,子どもの算数学習へのやる気が国語学習へのやる気よりも高まるのは当然のことであろう。

### (2) 友人

　友人に対する感じ方として大切なものに友人を競争的なものとして感じているか,協同的なものとして認知しているかの違いがある。それらの感じ方は質的に異なるやる気を生じさせるように思われる。競争的な場合には,とにかく学習結果で他者を凌

ぐことが目標になる。これはドベック（1986）のいう成績目標（performance goal）である。その場合どのような手段であれ，よい結果を出すことが大切であり，効率性が志向される。だとすると学習の過程を楽しむとか，深い理解に喜びを見いだすということはなく，いきおい機械的に暗記することが多くなる。一方，相互に協同的なものと感じる友人関係においては，お互いが相互に助け合い一緒に理解していこうとするので，よりよい結果・成績をとることよりも，より深く理解することがめざされ，学習目標（learning goal）が形成されるものと考えられる。ただし，特に青年期になると友人をさまざまな判断の拠り所とすることが多くなり，ネガティブな側面として，仲間の基準からはずれることをおそれ，同調するということも生じうる。協同は個人個人が自分の考えを出し合い，議論を戦わせたうえでのそれでないと意味がない。

　友人を競争的なものと感じるか，協同的なものと感じるかは直接，学習のやる気の質に作用するだけでなく，人格的なものに影響を与え，それが学習のやる気を左右することもある。すなわち，競争的に感じれば相互に敵対関係になり，親密な人間関係の形成は期待できない。教室内に私利私欲からの不満，おそれ，不安，敵対心が充満し，暗い雰囲気に包まれることになる。四六時中，自己を防衛せねばならず，そのことに気を奪われて勉学に集中できないと予想される。一方，協同的な場合は，相互に親密な人間関係が形成され，のびのびとした雰囲気のなかで勉学が進むことになる。

### (3) 親

　親は子どもにとってもっとも重要なモデルであろう。したがって，親のやる気をどのように感じるかが子どものやる気に多大な影響を及ぼすと見ることができる。親が知的関心に乏しく，本を読むようなこともなく，学校に対して否定的な態度をもてば，子どもの学習へのやる気が育たないのは当然といえよう。逆に，親がさまざまな学習活動に意欲的に取り組めば，子どもも学習に対してやる気をもつと予想される。すなわち，親の学習への価値の置き方に関する感じ方が子どものやる気に強く影響を及ぼすのである。

　さらに，親の働きかけに対する感じ方は子どもの発達水準に大きく依存している。小さい頃の親の励ましや賞賛などの密接な働きかけは子どものやる気を高めることが多いが，子どもが成長するにつれてそれらを強制として受け取る場合も生じてくる。それは子どもに自立心が生まれ，自分自身でも成功に向けて行動を十分制御していけるだけの力が備わってきたためである。そうなると親は子どもへの直接的援助をなるべく避けて，自律的支援をすることのほうが重要になる。したがって，親があまり干

渉的でなく，子どもの判断力にまかせて自由に選択させてくれるという感じ方がやる気を高めることになる。

### (4) その他の他者

　先生，友人，親以外にも子どものやる気に影響を与える人たちはいる。それは近所のおじさんであったり，食堂のおばさんであったり，あるいは小説のなかの人物であったりする。たとえば，近所のお兄さんに昆虫標本を見せてもらい説明してもらったことで，昆虫への強い興味関心を抱き理科の学習へのやる気が変化することもある。これらの人に対しては親や先生ほど接触回数が少なくとも，何らかの機会に子どもがその人やその人の行動に対して非常に感動した場合とか，親や友人と同等あるいはそれ以上の親密さを感じた場合に影響を受けやすくなる。

## 5. 教材や学習環境に対する感じ方とやる気

　感じ方は人に対するものばかりではなく，ものに対する感じ方もある。やる気を感じさせるものとして最も直接的なのは課題や教材であろう。これまでにも課題の新奇性が子どもの知的好奇心を喚起してやる気を高めることが指摘されてきた。人はこれまでに見たこともないものを示されたり，既有の知識と異なる知識を与えられると「あれ，へんだな」と感じ，注意が喚起され，対象を深く理解したいというやる気が生じる。

　しかし，一方で子どもたちの身の回りのものからあまりに遊離したものや抽象度が高いものも教材としてはなじみにくい場合が多い。そのためたとえば数字や記号の多い教科では具体物を使って理解させようとしたり，体験や実験を通して理解させようとすることはやる気を高めるうえで大切である。2002年から開始される総合的な学習は教科の壁を超えた，しかも日常生活に密接に関わる課題が扱われることが予想され，他の教科へのやる気に対しても起爆剤的な役割を果たすものと考えられる。

　また，教室や学校の学習環境の感じ方もやる気に関係する。子どもたちが落ち着いてしかも能動的に学習に取り組めるような環境設定が大切である。学校の校庭が一種の森になっており，森に住む動植物への関心を高めようというような試みもある。

　さらに，コンピュータや視聴覚機器が設置され，豊かな刺激や情報を得られることは一般にやる気を高めることになる。しかし，刺激過多の状況はかえってやる気を低めることもあるので注意が必要である。

## 2部
## 発達のすがた

8　人格発達Ⅰ
9　人格発達Ⅱ
10　自分理解
11　子どもの知的世界の拡大
12　他者理解

# 8 人格発達Ⅰ──児童期まで

## 1. 人間発達のとらえ方

発達の姿は，歴史的・文化的条件によって多様である。その歴史上の一定の期間に存在する社会的あるいは文化的条件，さらにはその変化によって影響を受ける。人間の発達は，「生涯発達」するものであるという認識が一般化してきている。そこでは，人は生まれてから死ぬまで発達し続ける存在であるという概念にもとづき，乳幼児期から老年期までを通して，人として生きていく変化過程を，獲得（成長）と喪失（衰退）も含めて多面的に一生という長い時間軸でとらえようとしている。

●表8.1 エリクソンの発達段階

| 段　階 | 心理社会的危機 | 好ましい結果 | 好ましくない結果 |
| --- | --- | --- | --- |
| 0歳 | 信頼 対 不信 | 環境および将来のできごとに対する信頼 | 将来のできごとに対する疑惑と不安 |
| 1歳 | 自律 対 疑惑 | 自己統制感と満足感 | 恥と自己嫌疑の感情 |
| 2～4歳 | 自主性 対 罪悪感 | 自発的に行為する能力 | 罪悪感と自己に対する不満感 |
| 5歳から思春期へ | 勤勉性 対 劣等感 | どのように事を運ぶか，どのように理解するか，どのように組織化するかを学習する能力 | 理解と組織化のさいに生じる劣等感 |
| 青年期 | 自己同一性 対 同一性拡散 | 自己をユニークな，統合された人間とみる | 自分が実際だれなのか，どんな人間か，ということについて混乱が生じる |
| 成人初期 | 親密 対 孤立 | 他者とかかわりあい，他者を愛する能力 | 愛情関係を形成することの不能 |
| 成人中期 | 生産性 対 自己陶酔 | 家族および社会一般に関心をもつ | 自分のこと―自分の幸福と繁栄―だけに関心をもつ |
| 高齢期 | 統合性 対 絶望 | 完成感と満足感。進んで死に直面する | 生活への不満感。死を予想することによる絶望 |

エリクソン（1950）は，人間の発達段階（人生）を8つの段階に分け，それぞれに重要な課題とそれが達成できなかった場合の葛藤・危機について述べている（表8.1）。そのなかで，個人的・社会的危機は，発達にとっては有意義なものであるとし，人間はその個人に内在する自然発生的で偶発的な危機による困難に対しても，自然治癒の過程においては修復していく力をもつ存在であるとし，人間発達を力動的にとらえている。ハヴィガースト（1953）は，次章「生涯にわたる発達」にあるように，それぞれの期について具体的な課題項目をあげている（表9.2）。人らしく生きるためには，ありのままの自己への信頼や受容が基本となる。ここでは，人として生きるための観点を，学童期までの発達過程をもとに各期ごとに概観してみる。

## 2. 児童期までの発達

### (1) 乳児期

　乳児期は，人の一生のなかで身体や機能がもっとも著しく発達・成長する時期である。出生後1年余りで，身長は1.5倍，体重は3倍に増え，言語も喃語から単語・一語文へと発達する。他者との関わりは母親的存在（以下，母親）との関係が中心となる。安全基地として母親を認知し愛着の形成と基本的信頼感の獲得が主な課題となる。
　乳児は，基本的に無力で受動的な存在であり，欲求表現の手段として泣く行動をとる。その応答としての授乳やおむつ交換といった関係を通して，母親との一体化した関係を作る。この依存的・受動的な関係のなかで，自己の欲求が満たされる体験は，「基本的信頼感」と呼ばれるものであり，健康なパーソナリティの基礎になるものである。子どもにとって「自分がありのままで愛されている」実感や「自分が生きてもいい」存在意味，「この世界は居心地がいい，信じられる」という生きていくことへの希望を導く。また，安心感と同時に自分が環境（母親）に影響を及ぼすことができる存在であるという自信が生まれ，後述する効力感の素地となる。そして，さらに伝達手段が発達し，のちの知力，運動，意欲，粘り強さへの足掛かりとなる。逆に，基本的信頼感が不十分な場合には，不信感や無力感につながり，母親との関係がもちにくい状況に陥りやすい。自我が傷つき，引きこもりや自分に対する自信のなさ，といった不安定な心理状況が生み出される。これらは，抑うつ，悲哀感情，見捨てられ感の素地となり，場合によっては，人格発達や適応上の問題にもつながっていく。施設児に見受けられる母性剥奪という発達の遅れや無気力，無感動状況は，欲求と応答のずれとしても理解されうる。
　しかし，不信感はすべてが排除されるべきものではない。基本的信頼感と不信感と

のバランスが，生きていくうえでのスキルを発達させるのである。近年，乳幼児と母親との関係は，母親からの一方的関与やそれによる学習結果からのみ生じるのでなく，子どもの側からしがみついて母親に接近したり，泣いて母親を呼び出すといった積極的な関わりかけが生得的に備わっているとされる。この観点から，子どもによって引き出される母親自身のもつ応答機能のあり方が注目されつつある。「good enough mother」と呼ばれる機能的関わりを備えた母親というほどよい養育環境が必要とされるのである。

### (2) 幼児期初期

　幼児期初期になると，獲得された基本的信頼感を手がかりに，母親や環境，自分自身を信頼するようになり，行動を自分のものとして感じるようになる。他者との関係は，母親・父親など親的人物が中心となり，自律性の獲得と恥・不信とのバランスのなかで意志が生まれる。立つ−歩く動作はしだいに安定したものとなり，活動性が高まり，視野が広がる。つかまり立ちを練習している赤ちゃんが，一瞬，自力で立てたときに見せる得意そうな表情は，世界を自力でもっと探索し，自分のものにしていこうとする意志を感じさせる。立ち，歩けるようになるとこの自信と意志，自分が世界の主人公であるという感覚はさらに高まる。そして，それまでの受動的な存在から積極的で自己主張する存在となる。また，たどたどしいながらも自分の意思・主張や，感情を伝える手段として言語を使えるようになる。

　そうなると，周囲から制止を受けたり取り巻く世界の制限（条件）とぶつかることが出てくる。子どもにとっては，自ら積極的に動いたり，欲求を満足できるという喜びと同時に，不本意にも制止されるという葛藤が生じ始める。自我意識の芽生えである第一次反抗期を迎え，やりたいことには素直に従うが，やりたくないこと，特に周囲からの指示・強要には「イヤ」「バカ」といった言葉で激しい抵抗を示す。親を邪険に遠ざけて一人で何かをしたがるかと思うと，ベタベタ甘えてきたり，親が見当たらないと不安がるといった現象も見られる。弟妹が生まれた後などに，赤ちゃんがえり（退行）や嫉妬が顕著に見られるのもこの頃である。大人にとっては，不可解で，まるで聞きわけのない子になってしまったような印象を感じさせられることもある。

　これらの行動は自分を確認し，自律性獲得の過程で自分の意志や欲求を曖昧ながらも意識化している現れとも考えられる。つねにつきまとう周囲の制止（統制）とそれへの抵抗は親的存在がもつ権威とのぶつかりあいでもある。その際，自分の欲求との折り合いがうまくいかないと自己統制できない自分の未熟さに対する恥の感覚や，親から過剰に統制されているという疑惑（二次的不信感）といった否定的な感情を抱き，

場合によっては強迫的な性格傾向につながることもある。自律性の感覚はまた学童期以降における効力感獲得の前提として重要な感覚である。この感覚の発達には，先述した母親の適切な応答性とあわせて，自分自身でやりたいという子どもの欲求や願いを現実の制限のなかで適度に叶えていく柔軟で，芯の通った関わりが大切である。

ところで，マーラーら（1975）は，母親との共生関係から独立した存在として自分を意識していく過程を，自閉，共生，分離-個体化期に分けて論じている。そのなかで特に，分離-個体化期（4〜36ヵ月）を，①分化期（母親と自分，母親とそうでない者など固体の分化が生じる），②練習期（母親を安全基地として用い愛着を発展させる），③再接近期（母親分離していることを意識化して分離不安が再燃する），④個体化の確立と情緒的対象恒常性（母親からの分離に耐えられるようになり母親以外との社会的関わりが始まる）の4つの段階に分けている。③の再接近期は，境界性人格障害との関連からも注目されている時期であり，大人の応答性が人間発達に及ぼす影響の大きさが示唆される。これらの過程のなかで，他者の存在を認識したり，共感性や愛他性の素地がはぐくまれていく。

> **境界性人格障害**……成人期早期に始まる人格の障害。見捨てられ不安が強く，不安定で激しい対人関係を示す。感情の起伏が激しく，自傷行為や依存傾向といった社会的逸脱行動を示すことが目立つ。その背景には，早期の母子関係不全があるとされ，情緒的発達の歪みが指摘されている。治療においては，治療者との二者関係のなかで，ありのままの自分を受け入れられる体験など母子関係の再体験をすることが鍵となる。

### (3) 幼児期後期

幼児期後期（遊戯期）になると，自主性の獲得と罪悪感とのバランスが課題となる。移動性が高まり，活動範囲はさらに遠くへ広がる。他者との関係は親的存在から基本的な家族へと広がり，遊びを通して社会との関わりが始まる。この時期は特に個性的で，活気に満ちあふれ，自分の欲求（目標）に向かう努力が見られる。言葉数も増え，ごっこ遊びや想像のお話などを通してファンタジーの世界を楽しめるようになり，かくありたい自分のイメージを抱くようになる。また，小さい集団のなかで仲良し関係を作り，大人の模倣や取り入れ，愛情深い表現，順番を守ることなど，社会的行動が芽生え始める。外的活動が広まる一方，内的には性差に敏感になり，社会的な性役割を獲得していく。

この時期，男の子には母親を父親から奪いたいという欲求（エディプス・コンプレックス）が，女の子には父親を母親から奪いたいという欲求（エレクトラ・コンプレックス）が出てくる。しかし，それは叶えられる欲求ではないため罪悪感を抱くことになり，精神分析でいう去勢不安が生じる。ここで生じた葛藤を引き受けるなかで，

男の子（女の子）は母親（父親）を奪うことはできないことを受け入れ，同性である父親（母親）に同一化することで補おうとする。これは以後の心理性的発達の基盤になっていくものである。そのためにも父親は，権威・権力はあっても支配的でない温かい存在であり，遊びを通して，人としてのルールや秩序を伝える存在であることが望ましい。究極的には親であることと同時に夫婦としての関係のあり方を問われるともいえよう。

> **去勢不安**……フロイトによって明らかにされた精神分析の基本概念の一つ。その小児性欲論によると，子どもは男根期に入ると，「男女いずれも最初はペニスをもって生まれたが，女性は生後去勢によってこれを失った」と考える。「何か悪いことをすると罰としてペニスを失う」と考え，「もし母親にこれ以上性的関心を示し，性愛的活動を行えば，去勢の罰を受けるかもしれない」という不安を指している。

### (4) 児童期

　学童期を迎えると，他者との関係は，学校を中心とした友だち，先生，近隣とさらに広がる。学校生活のなかでは，仲間と一緒に勉強する環境で知識を得たり，課題をやり遂げるための現実的な手順を学ぶなど，学業に取り組む時期となる。このなかで，自らの能力を発展させ，注意深さや忍耐強く仕事を完成させる喜び，といった勤勉性がはぐくまれる。また，自己統制や義務感の感覚が身についていく。逆に，目標とする課題が達成できなかったり，失敗したときには，自己不全感が高まり劣等感が生まれる。勤勉性と劣等感に葛藤が生じるわけであるが，この劣等感をどれだけ乗り越えられるかが自信や効力感につながる。効力感とは，「ある状況において，必要な行動を効果的に遂行できるという確信」である。この時期に培われた達成感や勤勉性は，それ以降の仕事をやり遂げていく際の知性と技術を用いる有能さにつながっていく。

　一般に，学童期は人間発達のなかでも比較的安定した時期とされ，10歳から前思春期にさしかかる12，3歳という時期までには一種の完成状態に到達するともいわれる。しかし，子どもにとっては家庭という安全で保護的な場所から踏み出して，学校という社会との関わりのなかで，集団適応や授業形式での知識獲得など新たな試練と向き合っている時期でもある。子どもによってはその負担感が強い場合，情緒障害などの不適応が生じることもある。子どもなりの大変さも感じ取っていくことが必要である。この後，社会化を経て，自我同一性獲得に向けて思春期への扉を開けることになる。

## 3. 人格発達をうながす教育的働きかけ

### (1) 学習活動の役割

　ありのままの自己を信頼し，受容し，意志をもって生きていく基本には効力感がある。これは，自律性の感覚を礎として生じる。それを育成する第一歩には，自己選択がある。自己選択とは，「行動の主体者は自分であり，自分の意志で選んでいる」と自分自身が感じる感覚である。与えられた課題のなかであっても，その取り組みは主体的でありうる。「親が言ったから」「教師が勧めたから」など，自由度が低い状況であっても「受動的な自己選択」はなされており，その責任はその個人が引き受けるべきものである。しかし，大人という権威者の前にある子どもの場合は，自己選択が困難な状況も確かに存在する。それゆえ自己選択の機会やその体験を保証することが大切である。

　続いて，他者との温かい交流と，そのなかで達成感や熟達感を育てることがある。学童期は同年の仲間と過ごす時間が多く，習得すべきとされる課題が多数ある。課題を前に自己・他者を意識しやすい状況に置かれる。他者との比較や競争に主眼が置かれるような競争的達成動機にもとづく状況であると目標は形骸化し結果志向的となり，目標達成できた場合でも一時的な充足感で終わりやすい。失敗すると，その原因を自分の能力の低さや運に帰属し無力感へとつながり，未来に対して閉ざされてしまう。一方，競争的でない状況では，自己充実達成動機（堀野，1994）による自分なりの目標が立てられ結果と自己評価は一致しやすい。目標が達成できた場合の達成感・充実感は高く，熟達へとつながり，生きがいへと発展していく。失敗したときも原因を自分の力で変容させていけるものとして努力不足に帰属し，未来に対して開かれている。

　これを学習活動状況に照らしてみると，一人でプリントやパソコンと向かうような個別学習に比して，教えあいや共同的な学習形態では，助けたり助けられたりするなかで，自分が感謝され必要とされるという感覚や，助けてもらえる感覚が生じやすい。また，自分のことより他者の利益を自発的に思いやれる愛他的行動や，他者の失敗・不完全さを受け止める寛容性，他者の喜怒哀楽を推し量ったり共感する力がはぐくまれる。幼児期の並行遊びとは異なり協力する楽しさが実感される。他者は単に競争する敵ではなく，喜びや苦しみを共感し共有する者として認知され自らの効力感が促進される。学習活動にともなう評価は，統制のためでなく，子ども自身に進歩や変化の足跡が見え，新たな課題につなげていける情報提供としてのあり方が望まれる。この時期の達成や向上に関する評価は，周囲との相対的なものでなく，本人が主観的に実

感できることが殊に大切である。これを通して，外的な成功・失敗という2軸でなく，本人の熟達感に即した評価への自律性がはぐくまれるのである。

具体的な大人の関わりとしては，マニュアル的な応答でなく，その子どもが真に求めている応答様式で関わることがきめ細かな援助につながる。また，本来の自律性を損なわないためには，教えすぎたり不適切なごほうびを与えることは慎む必要がある。失敗場面では，その原因を子どもの能力不足に帰属するのでなく努力不足に帰属できるようなかたちでフィードバックすることが大切である。しかしながら，努力不足を強調しすぎると，日本的心性ともいえる「ガンバリズム」をあおり，叶わない課題獲得に固執したり要求水準を高く設定してつねに自己不全感を抱き満足感を体験できない状況が危惧される。一人ひとりの子どもに合ったフィードバックが必要となる。また，なかには欲求に応えられない状況（制限）があることを，毅然とした態度で伝えることも，現実吟味力や内省力，状況判断力，そして心的耐性を高めることにつながる。

### (2) 発達を見守る姿勢

発達段階のなかで見られるその時期・時点での状態像は，その子にとって紛れもない事実である。しかし決して固定的なものではない。人間のなかにはよりよく生きようとするエネルギーが内在している。他者との関係のなかで傷ついた面，あるいは育っていない面でさえも，新たな他者（仲間，教師，近所の年長者，専門家など）との出会いのなかで少しずつ修復されていく可能性をつねに秘めている。よりよく生きようとするエネルギーがあるからこそ，未来に開かれ自分を信じることにつながる。未来に開かれるには心のしなやかさ（人格的柔軟性）もはぐくむ必要があろう。人として生きるということは「自分はたくましい存在でありながらも弱い存在でもある。それでも生きていていいのだ」という感覚や，「他者（社会）との関わりのなかで紛れもない自分自身として存在し意志をもって生きている」という感覚をもちつつ歩むことである。

大人は発達援助者であり自らも発達する存在である。「よい子」に育てたいと必死になるあまり，主体者である子どもを忘れて，大人にとってのよい子や意志をもたないロボットづくりに腐心する本末転倒した状況も起こりうる。大人がもつ人間観や人間哲学によって，援助の方向は異なる。宇宙では一つの生命体にすぎない，しかし，固有の種である人間。その存在意味や発達の姿を謙虚に見つめ，想像力を働かせ共に成長していこうとする姿勢が，人として生きる意味を深め，発達援助に結びつくと考える。

# 9 人格発達II——青年期以後の生涯発達

## 1. 社会のなかでの発達

### (1) 発達課題

　人はおおむね連続性をもって成長発達していくが，すべて一律に発達していくのではなく，ある時期にある領域の発達が急激に目立ったり，これまでなかった新しい特質が現れたりする。この発達の「非連続性」に着目すれば，発達をいくつかの段階に分けることができる。また，人は本来さまざまな行動選択の可能性をもって生まれるが，所属する文化や社会の基準に従って，その社会に受容可能な範囲の行動を発達させていく存在でもある。そのような発達の過程を社会化（socialization）といい，それは社会と個人との相互関連のなかで展開していく。

　このような相互作用のなかで，人がそれぞれの時期に社会的に健全に成長するために習得が必要となる課題が発達課題（developmental task）といわれるものである。たとえば，教育社会学者ハヴィガースト（1953）は発達課題を身体的成熟，個人の価値観や動機，そして社会の文化的圧力とこれらの相互作用にあるとし，各段階での目標となる発達課題を示している（表9.1）。また，エリクソン（1977）は発達過程における自我成長を重視し，社会的な要請がもたらす自我の危機を発達課題ととらえている（表8.1）。

　発達課題は，ある段階の課題がその時期に達成されれば，その次の段階への移行も順調であり，ある課題の達成に失敗すれば次の段階の課題の達成も難しくなるとされている。発達課題を考えることの利点として，その時期にその子どもに適切な教育目標の設定ができる点があげられる。しかし，その際課題達成のみを重視し過ぎず，発達課題を通して，その子どもの本来の個性を社会のなかでどう生かすかということを常に忘れずにいることが大切であろう。また，社会化の基盤となる社会や文化そのものが変容し，課題自体も変化するということを念頭に置いておくことも必要である。その代表的な現象の一つとしては，発達加速現象があげられよう。

●表9.1　ハヴィガーストの発達課題

| 発達段階 | 課題 |
|---|---|
| 乳幼児期<br>（0～5歳） | 歩行の学習<br>話すことの学習<br>固形の食物をとることの学習<br>社会や事物についての単純な概念形成<br>両親，きょうだい，他人に自己を情緒的に結びつけることの学習<br>正・不正の区別の学習と良心を発達させること |
| 児童期<br>（6～12歳） | 成長する生活体としての自己に対する健全な態度の養成（健康，清潔，安全に留意する習慣の養成）<br>同年齢の友だちと仲よくすることの学習<br>男子（女子）としての正しい役割の学習<br>読み，書き，計算の基礎的技能を発達させること<br>良心，道徳性，価値の尺度を発達させること<br>社会的集団に対する態度を発達させること |
| 青年期<br>（12～18歳） | 自分の身体に誇りをもち，社会的に承認されている男性的（女性的）役割を受けいれること<br>両親や他の成人からの情緒的独立<br>経済的独立に関する自信の確立<br>職業の選択と準備<br>結婚と家庭生活の準備<br>公民の資質に必要な知的技能と概念を発達させること<br>社会的に責任のある行動を望み，それができるようになること |
| 壮年期 | 配偶者の選択<br>子どもの養育<br>家庭の管理<br>市民的責任の負担<br>適切な社会集団の発見 |
| 中年期 | 一定の経済的生活水準の確立と維持<br>十代の子どもたちが幸福なおとなになれるよう援助すること<br>中年期の生理的変化を理解し，これに適応すること<br>老年の両親への適応<br>おとなの余暇活動を充実すること |
| 老年期 | 肉体的強さと健康の衰退に適応すること<br>隠退と減少した収入に適応すること<br>配偶者の死に適応すること<br>自分と同年輩の老人たちと明るい親密な関係を確立すること |

(2) 発達加速現象

　近代以降，青少年の体格が大きくなり，性的成熟が早まることが明らかにされている。日本では，1960年代後半から1998年にいたる30年間で身長・体重とも約1年の発達加速が見られ（文部省，1998），初潮年齢の平均も1961年から1972年までに13歳か

ら12歳に早まっている（日野林，1984，川端ほか，1995より）。さまざまな文化的・社会的影響が人の生理的身体的成長に及ぶ現象を発達加速現象（developmental acceleration）という。

　その現象を大きく2つに分けると，前世代より身長や体重などが増加する成長加速現象や初潮年齢や精通年齢など性的成熟が早期化する「成熟前傾現象」と，同世代でも都市部のほうが成長加速や成熟前傾が見られる「発達勾配現象」である。こうした現象の原因として，成熟を刺激する多彩な情報が都市部では多いためとする説，発達加速を促進しやすい感受性の強いものが都会に集中しやすいためとする説や異なる地域の出身者どうしが結婚することで環境適応能力が促進されるためとする説などがある。これらの発達加速現象は，一義的には体格の向上という点で有意義であるが，一方で精神的発達とずれを生じてしまうことにもなる。すなわち，まだ心理的には児童期の発達課題に従事している段階であるのに，発達加速現象により，児童期後半には急激な身体発達が始まり，心理的発達が不十分なまま，身体への適応に従事しなくてはならなくなる。このことは児童にとって大きな不安となりやすい。

　さらに，発達という言葉にはどうしてもその対象として子どもが取り上げられがちである。しかし，身体的発達のみではなく，精神的発達の観点に立てば，人は生涯をかけて自分の可能

● 表9.2　親の世代と比較して身長・体重でもっとも差がある年齢

|  | もっとも差がある年齢 | 差 | 親の世代で相当する年齢 |
|---|---|---|---|
| **身長** |  |  |  |
| 男子 | 12.13歳 | 6.5cm ↑ | 13.14歳 |
| 女子 | 11歳 | 5.3cm ↑ | 12歳 |
| **体重** |  |  |  |
| 男子 | 12歳 | 7.0kg ↑ | 13歳 |
| 女子 | 11歳 | 5.3kg ↑ | 12歳 |

（1998年度のものを30年前の1968年度と比較）
（平成10年度学校保健統計調査速報より）

● 表9.3　全国平均既潮率と平均初潮年齢（日野林，1984，川端ほか，1995より）

|  | 1961年 | 1964年 | 1967年 | 1972年 | 1977年 | 1982年 |
|---|---|---|---|---|---|---|
| 小学5年生 | (3.9)% | 5.7% | 7.9% | 11.1% | 14.3% | 13.7% |
| 小学6年生 | 23.2 | 24.2 | 31.1 | 40.5 | 44.6 | 43.8 |
| 中学1年生 | 53.1 | 58.4 | 67.0 | 74.7 | 78.0 | 76.2 |
| 中学2年生 | 84.0 | 88.2 | 90.9 | 93.9 | 94.9 | 94.5 |
| 中学3年生 | 96.8 | 97.5 | 98.2 | 98.7 | 99.2 | 99.1 |
| 平均初潮年齢 | 13歳2.6カ月 | 13歳1.1カ月 | 12歳10.4カ月 | 12歳7.6カ月 | 12歳6.0カ月 | 12歳6.5カ月 |
| 標準偏差 | 1歳2.2カ月 | 1歳1.6カ月 | 1歳1.7カ月 | 1歳1.6カ月 | 1歳1.6カ月 | 1歳1.0カ月 |

（1961年2月調査における小学5年生既潮率は小学6年生の5年生時既潮率で代用してある。）
（各年2月の結果）

性を発達させていく存在でもあり，こうした生涯発達の視点を忘れてはならない。特に現代における高齢化社会にともない，中年期や老年期の心理的課題については社会全体の大きな課題となっているといえる。そこで以下，本章では特に青年期以降の発達課題を中心に述べていくこととする。

## 2. 青年期以後の発達

### (1) 中学生期

中学生になってくると，自分の身体・精神両面での発達が著しくなる。特に中学生にとって性的成熟という大きな変化をどう受け止めていくかが重要な課題となる。この第二次性徴と呼ばれる現象は，前述した発達加速現象により，近年，小学校高学年に迎えることが多くなっているが，中学生になると「大人の身体」をもった一人の人間としてこれから自分をどう作っていくかという精神面での大人への移行を徐々に行っていく大切な時期となる。その変化は質的な変化であり，中学生にとって性の受け入れがもっとも重要でかつ困難な課題でもある。身体的な成長にともない性的衝動も高まり，はじめはよくわからないもの，不安なものとして混乱しやすい。そして，性的成長とともに精神的にも男性としての自分，女性としての自分という存在を強く意識するようになる。男らしく振る舞うこと，女らしく振る舞うこと，服装や髪型，しぐさ，体型へのこだわりなどを通して徐々に模索していく。また，友人関係も児童期とは異なり，同性同輩の間に親密な友人を作るようになる。それまでの集団的な友人関係は消失し，より内面的な面を支えあうような友人を作り始める。自分と同じ立場の友人を通して，自分の悩みや考えを共有しあい，自分というものを確認しあう大切な人間どうしの関わりあいが始まる。

### (2) 高校生期

高校生でも中学生と同様に，自分という一個の独立した存在を作る作業が続くが，中学生が表面的，身体的な側面での課題が多かったのに比べ，高校生ではより心理的な深さをともなう自分づくりをしていくことが課題となる。自我の目覚めにより，それまでの親からの借り物である価値観や道徳観ではなく，自分はどう考え，どうしたいかということを強く意識し始める。ただ，それは多分に反大人的な考えにたったものであることが多く，親や教師，そして社会的規範に対する反抗というかたちで自己を意識する機会が多い。さらにそうした反抗心を共有しあえる仲間を求める傾向も強く，それはまだ不完全な自分の考えや価値観を，大人でない同年齢の仲間どうしで相

互に確認しあうための親友関係である。こうした連帯感は親から離れることによる心理的孤独感や不安感を癒す大切な感覚であるが，ともするとエスカレートして反社会的行為などに陥りやすいことも事実である。

また，異性への関心も高まる時期であるが，異性との人間的な親密な対人関係を築くことと，性欲との混同が起こりやすく，性に対する葛藤や悩みが生じやすい。自分の性に対する受け入れがうまくいかないと，性犯罪や成熟の拒否などさまざまな精神的社会的問題を引き起こすことも多い。そして，高校生の後半になると，自分は何がこの世界でできるのか，自分の存在している価値とは何かといった一個の人間としての根源的問いを自分に問い，悩み始めるものも出てくる。しかし，実際にはそこで得られた自分の価値観や存在意義をそのまま実社会ですぐに発揮できるわけではなく，さまざまな困難にぶつかり，挫折や幻滅を経験する時期でもある。しかし，その挫折を通して，社会に受け入れられる自分らしいスタイルというものを学んでいくことになる。

### (3) 青年期

高校生期までが自分づくりの入り口であれば，この青年期は本格的な大人としての自分づくりに入る時期である。エリクソン(1973)は「自己同一性（アイデンティティ）の確立」としてその発達課題を詳しく述べている。青年は徐々に親や大人への依存から脱け出し，「親は絶対である」という考えから自由になり，「親は親，自分は自分」という客観的な対象として自己と親との心理的距離を保てるようになる。さらに，現実に根ざした理想が語られるようになり，その目標に向かって何を自分がしていくことが必要か，あるいは何ができないかなど，具体的に現実をとらえる力がついてくる。客観的に自己を見つめ，自分の限界を受け入れつつ最大限自分の可能性を社会のなかで発現していくことを試みていく。しかし，このような精神的かつ社会的な一本立ちを青年期の終了とするとなると，現代の社会における価値観，情報，規範の多様化や高学歴化によって，20歳代でこの課題を達成することは難しい。特に，高学歴化による青年期にいたるまでの長い受験体制によって，それまでは受験のレールに乗って，与えられた課題を着実にこなすことでよかったものが，高校卒業後あるいは大学進学後に急に広がる進路の多様性に対応できず混乱に陥ることも多い。大学や社会では手取り足取り指導してくれるものはおらず，すべて自分で判断し行動することを求められる。受験という外から与えられてきた基準をはずされ，自由な枠のない世界に身を置くことがかえって戸惑いを引き起こし，精神的に不安定になることも多い。こうした混乱から確固とした自分を確立していくには長い時間が必要となり，現代では

この青年期の延長は30代まで続くと考えることが妥当であろう。

### (4) 成人期

　青年期が自分とは何者かという自分づくりの課題に取り組んでいく過程であったのに対し，成人期においては，その確かな自分の感覚をもちながら，他者や社会といったさまざまな現実場面での関係づくりを行っていく。エリクソンはそれを「親密性」として課題設定している。この時期の関係性の特徴は，青年期に見られるような理想重視ではなく，現実社会に根づいた具体的な提携関係に自分を参与させていく関係にある。具体的には，職業選択，結婚，家庭を築くことが大きな要素となる。特に，社会を構成する一メンバーとしての自覚と責任をもった生活設計を各々が築いていくことが大きな課題であるといえよう。レビンソン（1992）は，この成人期の発達に関して詳しい調査を行っている。彼は青年が一人前の大人としてひとり立ちするために約15年の長い時間がかかるとし，これを「新米の成人時代」として33歳ごろまでの発達課題を以下の4つにまとめている。①夢をもって，その夢を生活構造のなかに位置づける，②年長のよき相談相手をもつ，③職業をもつ，④恋人を作り，結婚し，家庭を作る。

　このうちの①「夢をもつこと」は特に重要な課題となる。夢と現実のはざまでさまざまな葛藤を経験しながら，自分の可能性を模索し成長してしていくことが大切であり，その際に，その夢に関して援助をしてくれる他の大人との対人関係が必要である。しかし，この親密性を中心とした他者との対人関係がうまく築けないと，他者との対人関係のなかにしっかりとした「自分」というものを感じられず，主観的には深刻な「孤独感」を体験する。たとえば，ある決められた役割のなかでは無難にこなせても，対人関係を含めた自由裁量を求められる場面や仕事上のライバルや上司との関係において強い劣等感や無力感を感じてしまい，不適応を引き起こしてしまうこともある。

### (5) 中年期

　40代を中心とした中年期は仕事にしても子育てにしてもベテランである。エリクソンはこの時期の課題を「生産性」としている。それは，単に子どもを産み育てるだけでなく，その次の世代の子どもたちのためによりよい世界を残していこうと努力することにあり，仕事でも家庭でも共通する営みである。

　仕事では中心的な役割を担い，単に与えられたノルマをこなすだけでなく，チームの運営や部下の教育といった管理的能力を問われる立場であることが多い。そうした仕事の質の変化はそれまでの自分の努力への評価でもあり，やり遂げることによる充

実感を得る一方で，その責任と決断という重圧のなかでストレスを抱えることも多い。また，一方で身体的な衰えが見え始める時期でもある。体力的に下降しているのに仕事自体は増えるということが肉体的にも精神的にも負担になることは当然といえよう。
　家庭における子育ても質的な変化が訪れる時期である。多くの家庭では第一子がそろそろ思春期を迎える。それまで「子ども」として愛情を注いで育てていた我が子から「大人」として扱うことを求められるようになる。思春期というまだまだ「危なっかしい」存在である子どもと正面から向き合い，見守っていくことは親にとって大切なそして難しい課題でもある。もう一度自分自身のこれまでの子育て観や価値観などを正面から問い直す機会が増えてくる。
　こうした仕事や家庭における環境の変化により，この時期は青年期に似た内省的態度にならざるをえないことが多く，いわばアイデンティティの問い直しがなされていくことになる。レビンソン（1992）は，これを「人生半ばの過渡期」とし，挫折を繰り返しながらも，絶えず自分を回復し，自分や他者へ創造的に関わっていくことに意味があるとする。

## ⑹　老年期

　老年期になると，身体的な衰えはもちろんのこと，精神的にも以前のような闊達さが失われ，当たり前にできたことができなくなるという喪失感を経験する。自分の心身のみでなく，定年や近親者の死といった今まで自分の周りを取り巻いていた環境や対人関係にもその喪失感が訪れる。そしてその先には自分自身の死というものが見え始めてくる。このような喪失体験をおそれ，忌み嫌うことはかえって下降のみに心を奪われ，絶望感を抱かせてしまうことが多い。しかし，人間である以上，死が避けられないことは確かであり，それを自分の生の一部としてどう受け止めていくかがこの時期大切な課題となる。エリクソンはこの時期の課題を「統合性」とした。その統合性とは，人間としての自分の生の完成であり，今まで歩んできた人生のすべてが自分であり，他の何ものにも置き換えることができないただ唯一のものであるという受容である。高齢化社会の現在においては，老人であることが社会や人生からの離脱ということではなく，老人として社会をどう生きるか，また逆に社会が老人をどう受け入れるかが大きな課題である。

# 10 自分理解

　人はいつ頃から自分という存在に関心をもつようになるのだろうか。たぶん早ければ小学校の3～4年生ぐらい，なかには大学生になってからという人もあるかもしれない。もっともそうした気持ちの強弱にはかなりの個人差があるから，「いや自分はそういうことはあまり考えたことがない」という人もいるだろうし，「そうなんです。それがいまの私の一番の関心事なんです」という人もいるだろう。

　小学生でも，「私は絵が得意だ」「僕は勉強ができる」「私は優しい」「自分はおとなしくて気が弱い」などということは漠然とでも知っている。それで得意になったり，いやな気持ちになったりもする。しかし，それらの多くは，親や先生に言われて何となく思っているにすぎず，積極的に「自分とは何だろう」とはあまり考えない。まだ小学校の最初の段階では自分のことよりも，外の世界のことばかりに目が向いているからである。それが思春期に入る小学校の高学年の頃から，人によってはある日突然，またはいつの間にか，こういうことをよく考えるようになる。

　このような変化は，自分の姿を客観的に切り離して，自分を対象化して見ることができるようになったことでもある。このような変化が起きるということは一般的に見れば成長として喜ぶべきことではあるが，本人にしてみると，それまでと違う自他への意識が生まれてくることであり，とまどいも大きく，大変不安定で苦しいことでもある。文学や芸術作品に接することにより，そこに登場する人物と自分を引き比べたり，自分の周囲にいる友人と比較したりすることがよく行われる。そのたびに喜んだり，がっかりしたり，気分が大きく変化する。密かに自分に自信をもったり，逆に劣等感を強めることもあり，自己像がなかなか定まらない。そんな試行錯誤を繰り返しながら，人はしだいに安定した自己像を作り上げていくのである。本章ではこのような自己を意識して，自己像を作り上げていくプロセスを考えてみたい。

## 1．自己概念とは

　私たちは，自分自身のもつ特徴や能力，属性などについて言うことができる。たと

えば,「私は20歳の男子学生で,現在○○大学○○学部の3年生です。専攻は機械工学で,テニスのサークルに入っています。性格は明るくて,目立ちたがりやですが,けっこう細かいところに気がついて,神経質な面ももっています」などと,自己紹介などのとき言うのはその例である。このように自分のもつさまざまな側面を自分なりに概念化したものを自己概念(self-concept)という。自分で作った自己像(self-image)といってもよい。

　この自己概念を知るためにはいくつかの方法がある。その一つは「Who are you？(あなたは誰ですか)」という問いにどのように答えるか(WAY技法),その回答を3つ求め,その内容から推し量るものである。また,似たような方法であるが20答法というものもある。これは「Who am I？(私は誰でしょう)」という問いに対して「I(私は)」を主語にして,20の回答を求めるものである。これらの方法によって得られる記述内容には,おおざっぱにいって,名前・性別・職業などの人口統計学的特徴,身長・体重・スタイルなどの身体的特徴,性格・興味・関心・価値観などの心理的特徴,知能・運動能力などの能力的特徴等がある。この内容はもちろんその個人の自己概念のすべてではないし,比較的表現しやすいものを記述したにすぎないと考えられる。しかし,これらが自己概念を構成する要素であることには間違いない。またこれらの回答は何回か繰り返しても,細部は変わるとしても基本的にはそれほど大きな変化がない。したがって,これらを総合したものとしての自己概念は比較的変化しにくいものといってもよい。

　その他には,質問紙法(質問項目に対して,はい,いいえ等で答える)の性格検査を受けてみるという方法もある。こうした形式の性格検査で出てくる結果は,自分で自分をどのようにとらえているかということが反映しているので,性格といってもあくまでも自己認識の結果としての性格である。質問紙法の性格検査はそれぞれの理論的枠組みがあり,自己概念そのものを測定しているのではないが,そこに表れてくる結果はその人の自己概念が色濃く反映されてくると考えられ,そこからその人の自己概念も容易に推測されるのである。それ以外にもカウンセリングを受ける,自己形成史を書いて自己分析をする等の方法で自己概念を知ることができる。

　梶田(1988)は自分自身に対して現に注がれている意識を自己意識といい,これは時間的経過に従って,時々刻々と変化しているものであるが,その背後にあって,その流れのあり方を支え,枠づけるものとして,比較的安定した自己に対する暗黙の認識や態度の構造があり,これが自己概念であると定義している。そして,この自己概念の内容を把握するための枠組みとして,①自己の現状の認識と規定,②自己への感情と評価,③他者から見られていると思う自己,④過去の自己についてのイメージ,

⑤自己の可能性・志向性のイメージ，の6つのカテゴリーを示している。この各カテゴリーのなかで，どのカテゴリーに対するどういう要素が中核的で重要な要素を占めているかということは人によって多少とも異なっていると考えられる。

　この自己概念はその人の意識や行動のあり方に大きな影響をもつ。たとえば，「自分は有能である」という自己概念をもっている人は困難にも積極的に取り組もうとする意欲をもてるし，結果として成功しやすくなる。しかし「自分は無能である」という自己概念をもっている人は，何ごとにも意欲的には取り組めないし，成功することも少なくなってしまう。いずれにしても自己概念を強める方向に動いてしまうことになる。すなわち，人は自己概念と適合するような行動をする傾向がある。また，人はその自己概念に一致する情報を積極的に取り入れ，自己概念を強めるようにする傾向があり，逆に自己概念と矛盾する情報は取り入れないで，自己概念を守るのである。

## 2．自己概念の発達——誕生から思春期に至るまで

　人は生まれたときから自己概念が存在しているのではない。最初は自己の存在の意識すらない状態からしだいに自己を意識し始め，自己概念を少しずつ形成していくのである。そのプロセスを簡単に追ってみよう。

### (1) 乳幼児期

　生まれたばかりの乳児はまだ自分という存在が他と区別された別個のもであるという意識がないとされる。自分も母親もその他の世界もが渾然一体として境界がないのである。このような状態を自他未分化の状態という。それがしだいに物や母親との関わりを通して，自分の身体とそれ以外のもの（母親，おもちゃなど）の区別ができるようになる。すなわち身体的自己が成立し始めるのである。しかし，この段階での自己はまだ物理的な存在としての自己としてでしかなく，心理的な特性はまだここには含まれない。

　自己を認識することの芽生えは鏡映像（鏡に映った自分の像）の実験によっても示されている。それによれば，鏡に映った像が自分の像であることを認識するのは生後9ヵ月以降のことである。こうして独自の存在である自分の意識をしだいに発展させていくとき，「自己」の意識の存在を周囲に強くアピールするのが第一次反抗期である。これは2〜3歳頃の幼児が親の言うことを聞かなくなり，何でも「いや」を繰り返したり，自分でやりたがったりする時期である。これはそれまでもっぱら依存や同一化の対象であった養育者に対して自己の意志や主体性を主張するのである。この時

期は自我の芽生えの時期といえる。

　また，精神分析的自我心理学者であるマーラーは乳幼児期の母子関係の観察研究から，乳幼児が母親との未分化な存在から一個の独立した個人として誕生するまでの過程を分離－個体化過程と名づけ，その過程を詳細に示した。それは生後半年ぐらいまでの対象関係成立以前の段階（正常な自閉期，正常な共生期）と，その後生後36ヵ月ぐらいめまでの分離－個体化期（分化期，練習期，再接近期，個体性の確立と情緒的対象恒常性の始まり）に分けられ，この時期までに，子どもは個としての同一性の感覚を発展させ，母親のイメージから分離した統一的個体として，自分が存在しているという意識を成立させるのである。

　ニューカムによると，幼児期の自己意識の形成に影響を与える要因には次のようなものがある（梶田，1988）。①家族のなかで他の大人やきょうだいと違った扱いを受け，自分が他とは違う存在であることを認識すること。②きょうだいや友人などとの遊びのなかで欲求の衝突が起こり，他者の存在についての感覚とそれに対抗する自己についての感覚を認識すること。③言葉を獲得することによって他とのコミュニケーションが可能になり，考え，反応する体験を積んでいくこと。④自分の名前を使用することで，他とは違った独自の存在であることを認識すること。⑤自分の性を知ることによって，その役割や位置づけを知ること。

　しかし，この段階ではまだ自己を対象化してみることは不可能であるし，他者の視点から自己を見るということも不可能である。その意味では自他未分化の状態がまだ残存しており，他人の立場に立ったり，自他の経験の相対性や自分と他者の間の相互関係をとらえて判断したり，行動することは難しい。これを幼児期の「自己中心性」というが，この言葉に日常的な意味での価値的な内容は含まない。

## (2) 児童期

　さらに児童期になると学校生活の影響が大きくなり，次の6つに分類できる（梶田，1989）。①学習活動での経験，②教師の態度と言動，③教科書等の教材，④友人たちの態度と言動，⑤親の態度と言動，⑥テレビ・ラジオ・新聞・雑誌。そして，梶田はそれらが影響を与えるメカニズムとして，特に以下の5点をあげている。

**①モデリングの問題**　自分にとってのモデル的人物を認識し，そのモデルと自分を同一視したり，そのモデルの特徴を自分のなかに取り入れたりする。

**②レッテル貼りの問題**　周囲から一定のレッテルで見られ，それに対応した期待をもたれることによって，自分自身をそのような形で考えるようになる。

**③人々のまなざしに映った自己像**　教師や親や友人等の表情や態度，言葉つきなどか

ら自分がその人たちにどのように映っているかを読みとったり，自分のやったことがうまくいっているかどうか，自分がこのままで受け入れられているかどうか，を知ったりする。

**④呼びかけによる自覚**　教師や親から言われたり，きっかけを与えられたりして，自分の現状を反省したり，将来への志をはっきりもったりする。

**⑤体験や経験の自己吟味**　それまでに自分が得てきたさまざまな体験や経験を教師や親や友人たちとは関わりなく，自分自身の内部で吟味してみる。

　こうしたさまざまな要因によって影響を受けながら，児童期には自己概念の内容もしだいに変化してくる。その変化とは，自己の認識の広がり・多様化であり，また知覚的・外面的なものから内面的な特徴の把握への変化である（柏木，1983）。具体的には，持ち物，名前，住んでいる場所，身体的特徴などの自分に密着した物理的事実，外から知覚できるような特徴が幼少期では中心を占めていたが，その後，対人関係のなかで自分が示す傾向，気質や個性といった必ずしも外から知覚できない内面的特徴がしだいに大きなウエイトを占めてくる。また，同時に自己概念そのものが安定したものとして定着し始めるのである。

## 3．自己の確立――青年期におけるアイデンティティの形成

　青年期になると自分自身への関心が急速に進み，強化されていく。そして，「私とは何か」という「固有の私」としての自己を見いだすためのさまざまな試みを行うようになる。また，この時期には親や先生に反抗したり，同性や異性の友人との深いつながりを経験するなかで，対人関係に対する悩みも増えてくる。行動範囲も広がり，興味・関心の領域も広がり，受験など新しい体験もするようになるなど，新しい世界を体験することは自らのもつ諸特性についての関心を強めることとなり，否応なしに自己の姿に直面する機会が増えてくる。

　この時期はエリクソンによればアイデンティティ（自我同一性）の達成が大きな課題となる。アイデンティティとは非常に定義しにくい言葉であるが，無藤（1992）はそのエッセンスを，①青年期までに行ってきたさまざまな同一化（～としての自分）の統合によって得られる連続性，斉一性，独自性の感覚（これが個人的同一性になる）と，②その斉一性が他者と共有されること，の2点をあげている。これをもう少し具体的にいえば，「私は他の誰とも違う自分自身であり，この世に私はただ一人だけしかいない」し，「過去の私も，いまの私も，そして将来の私もずっと同じ私としてあり続ける」という不変性，連続性の感覚であり，そうした主体的な自分がこの社

会のなかで承認された地位，職業，立場などのなかに位置づけられているということを意味している。

　このアイデンティティを達成した状態は，「アイデンティティ地位」(ego identity status)の考え方を提唱したマーシャによれば，操作的には「危機」(「自分とは何か」，「自分はどう生きるべきか」などについて悩み苦しんだ経験があるかどうか)を経験し，何者かに「傾倒」(自分の見いだしたもの(職業観，生き方など)に積極的に関わっているかどうか)している状態をいう。そして，この状態に達した青年は，次の発達段階(早期成人期)へといたることになる。そして，大人として他人と真の意味での親密性を達成するためにはこのアイデンティティが形成されている必要があるとされている。

　青年期はこのアイデンティティの達成のために悩み，さまざまな試みをしていく時期とされる。こうした時期のことを「モラトリアム」という。この時期に若者は役割実験と呼ばれる多くの試みをし，その試みのなかから自分に合うもの，合わないものを吟味し，取捨選択して，自分の生き方を確立していく。モラトリアムとは本来「支払猶予期間」という意味の経済用語であったが，エリクソンが青年期はまだ修行・研修中の身であり，社会的責任や義務の決済が猶予される年代であるとして，この時期を心理社会的モラトリアムの年代と呼んだことから，この言葉が一般化した。

　モラトリアムは本来アイデンティティの達成のために通過すべき過渡的な時期である。この状態の若者は，まだ自分が半人前であることに負い目をもち，早く自立したい，一人前の大人になりたいと渇望した（小此木，1978）。また，将来に対して大きな夢や理想をもち，それに向かって努力し，理想像への同一化しながら，自己のあり方を模索していった。そして社会・歴史の流れの外にいるがゆえにその流れを外から自由に見て批判することができ，自分なりの展望をもつことができた。

　しかし，青年期が次第に長くなり，経済的にも豊かな社会が実現されるにいたって，こうしたモラトリアムのあり様は大きく変化した。若者たちは新しい文化の創造や消費の担い手として，その立場を大きく転換させ，今や大人たちから一目置かれ，社会のなかで大きな力をもつに至った。モラトリアムであることを積極的に楽しみ，そこから抜け出そうとしなかったり，高校や大学を卒業しても就職しようとしない若者も増えている。かつてのように，大志を抱き，天下国家を論じ，イデオロギーを渇望するような若者はいなくなったようである。しかし，青年期にはアイデンティティを達成することが課題であり，そのための試行錯誤が求められているという点は今でも変わりがない。一見悩みがなく，楽しんでいるように見える現代の若者たちの内面にも，これまで述べてきたような自己のあり方に悩み，迷ったりしながら，人生を模索している姿が隠されているのではないだろうか。

# *11* 子どもの知的世界の拡大
―― 見える世界から見えない世界へ

　子どもは,「もの」や「ひと」に働きかけ,さまざまなかかわりをもちながら,自分を取り巻く環境を知り,世界を広げていく。学習することや学習の仕方も経験によって変化する。本章では,ピアジェの説を中心に子どもの知的発達について述べる。

## 1. 乳児期――見える感覚運動的世界

　乳児期の子どもは,ものを見たり,触ったりつかんだりする行為,すなわち,感覚や運動的な働きかけを通して環境を知る。ピアジェはこの段階を感覚運動期と呼んだ。たとえば,新生児は,生得的な反射である「吸う」という行動の様式をいろいろなものに適用し,その結果,吸うとお腹が膨れるものとそうでないものの区別を知る。感覚運動期は,言語やイメージが使えるようになる1歳半または2歳頃まで続く。この間に,自分の行為とその結果との間の因果的な関係の理解が芽生える。偶然体をゆすったときに揺りかごの屋根に吊るされた人形がゆれるのを見た子どもが,それをもう一度見ようとして体をゆする行動を繰り返すのはその一例である。やがて,始めからある目的を達するために手持ちの行動を手段として使うという意味で意図的・目標志向的な行動が現れる。ここに知能の働きがうかがわれる（ピアジェ,1978)。

## 2. 幼児期――イメージを獲得して見えない世界へ

### (1) 表象的思考の始まり

　1歳になる頃には歩き始め,自分の意思で探索できる世界が広がる。最初の言葉が現れるのもこの頃である。1歳半を過ぎる頃から,目の前にないものやできごとなどを思い浮かべることができるようになる。表象の始まりである。表象的思考は,その後,児童期を経て青年期に至るまで,その構造の体制化と抽象化が進む。ピアジェは,論理的思考を可能にする最初の「操作」が成立する具体期以前の2～7,8歳頃までの認知の発達段階を「前操作期」と呼び,このうち,2～4歳頃までの象徴的（前

概念的）思考の段階と，4〜7，8歳頃までの直観的思考の段階とを区別している。

象徴的思考の段階の子どもは，ひとの行動やできごと，もののイメージを思い浮かべることができるようになる。ものを別のものに見立てたり振りをする象徴遊び（ごっこ遊び）や，以前見たひとの行動をその人が目の前にいないときに模倣する延滞模倣はその現れである。しかし，初期の象徴遊びでの見立ては，小石をあめ玉に，緑の葉っぱをバッタに見立てるというように，形や色などの見かけの類似性によることが多い。その意味でイメージはまだものに密着している。3歳頃にはかなり言葉も話せるようになるが，言葉は，まだ，概念を表す記号にはなっていない。たとえば，散歩の途中で一匹のなめくじを見つけた後，10mほど先で別のなめくじを見つけると「また，あのなめくじがいる」という。子どもにとってそれが同じなめくじかどうかという問いは意味をもたない。どれも「あのなめくじ」であり，子どもの言葉はまだ個々のもののイメージに結びついている。一般性をもった概念とそれに属する個別のものの関係を理解してはいないのである。一般的な概念をもたない，この前概念的な思考の段階では，帰納的推論も演繹的推論もできない。たとえば，いつものお昼寝をしなかった日はお昼を過ぎてもまだ午後ではないと思うというように，一般性をもった時間の概念を理解しておらず，特殊と一般を混同したりする（ピアジェ，1962）。

### (2) 心の世界の理解

表象の発達とともに，心の世界の理解も進む。空腹でクッキーのことを考えている子どもと実際にクッキーを持っている子どものうち，実際にクッキーを見る（触る，食べる）ことができるのは後者だけであることは，3歳でも過半数の子どもが理解している。5歳になると大多数の子どもが心のなかのことと現実の世界とを区別している（Wellman & Estes, 1986）。しかし，自分の心の世界と他者の心の世界の違いを理解するのは難しい。たとえばある人物Aが事態Xを見た後に事態がYに変わるのを子どもに観察させる。この変化を知らないAが現在の事態をXとみるかYとみるかを子どもに予測させると，3歳児では自分が知っていることとAの知っていることとが違うことはわかっても，Aがどう考えているかまでは理解していない。自分が知っている情報にもとづいてAも事態をYと考えていると，誤った判断をする者が多い。この種の課題で，自分の知っている情報と他者のそれを区別し，正しく理解できるようになるのは5歳以後である（Hogrefe et al., 1986）。

### (3) 直観的思考

4歳を過ぎる頃から概念化が進み，7歳頃には，同じ概念に属するものを仲間とし

て分類したり，基礎的な概念を定義したりすることにおいて進歩がみられる（国立国語研究所，1982）。しかし，ピアジェによれば，この段階では，自分の視点に縛られ，見かけに惑わされやすいという意味で，思考はまだ直観に依存している。数，重さ，容積など，さまざまな量についての保存課題での子どもの答えは，このことをよく表している。数を例にあげよう。同数のおはじきを等間隔に2列に並べたときにはおはじきの数は同じであると答えながら，一方の列のおはじきの間隔を子どもの見ている前で縮めて短くすると，見ていたにもかかわらず列の長さに着目して長いほうが数が多いとか，密度に着目してつまっているほうが多いと答えたりする。取ったり加えたりしなければ数は変わらないという保存の概念が成立していないのである。縮めた列は広げれば元の状態に戻るという可逆性や，列は長いけれどおはじきの間隔が開いているという2つの側面の相補性をともなった思考の構造を「操作」と呼ぶが，操作が成立するまでは，保存は獲得されない（ピアジェ・シェミンスカ，1962）。「三つ山問題」は，色，高さ，大きさが互いに異なる3つの山の立体模型を三角形に配置し，さまざまの位置からの見えを描いた数枚の絵を示して，子どもとは別の位置に置かれた人形には模型がどのように見えるかと聞く課題だが，子どもは自分の位置から見た絵を選ぶ。位置を移動してそこからの見えを確認させた後でも同様で，正しい絵を選べるようになるのは児童期になってからである。自分の視点に中心化したものの見方，考え方がまだ優勢であり，他者の視点に立って，イメージを変換し，他の人にどう見えているかを理解するのは難しい（Piaget & Inhelder, 1967）。

### (4) 日常経験のなかでの学習

　課題が複雑だったり，情報処理の負担が大きいときは自己中心的な考え方しかできないが，日常生活の具体的な場面では他者の立場にたって客観的に考えられるようになる。たとえば，初めて聞く複雑な話を他の人に伝えるときには自己中心的な話し方をする（ピアジェ，1954）が，年下の子どもに自分がよく知っているおもちゃの使い方を説明するときには，大人に話すときよりも文法的に構造が単純で短い文を使うなど，4歳児でも相手に合わせた話し方ができる（Shatz et al., 1973）。

　また，日常生活のなかで自ら興味をもって取り組むことにより，その範囲は限られ，誤りもあるが，直接見たり経験したりしたことを越えて学習することができる。たとえば，家庭で自分も積極的に関わって金魚を飼った経験のある幼児は，動物を飼育したことのない子どもに比べて，金魚の生態や属性についての知識をもっているだけでなく，日常経験しないような場面での金魚の反応についても人間から類推して予測できる。さらに，金魚と同様に水に棲む動物であるが，よく知らない蛙の行動について

も金魚からの類推によって予測することができる(稲垣, 1995)。

## 3. 児童期——具体的経験に支えられて論理の世界へ

### (1) 論理的思考の発達

　ピアジェ(1967)によれば，幼児期には見かけにとらわれてしばしば誤った判断や推理をしていた子どもも，7, 8歳頃までに，実際に見ることができる事象や頭のなかで表象できる事象については論理的に考えられるようになる。この具体的操作期は，11, 12歳頃まで続く。
　小学校中学年から高学年にかけて「バナナ」は「果物」であり，「食べ物」でもあるというような，異なる水準の概念の間の関係や階層構造の理解が進む (杉村・多喜, 1990)。1年生は階層関係を教えても同じものを異なる水準で分類するのは難しいが，4年生では教えられればその情報を分類に利用できるようになり，さらに，6年生では直接教えられなかったものについても階層関係を推論して分類することができるというように，概念の階層関係の論理的な理解は徐々に進むと考えられる (湯沢, 1990)。こうした変化は，言語によって支えられた概念的な意味の体系の発達と関連しており，学校教育が影響していると考えられる (Bruner et al., 1966)。
　言語を問題解決や思考の手段として使えるようになるのも，幼児期の終わりから児童期を通じての重要な発達である。たとえば，絵を描いているときに必要な絵の具がないことに気づいたときに，どうすべきかを述べるなど幼児期には問題解決的な独り言が増える。しかし，児童期に入る頃には，こうした発話は減少していく。幼児期の終わりにコミュニケーションの言語としての「外言」と，思考の手段としての内面化された言語である「内言」が分化し始め，こうした思考の内面化が児童期にはさらに進むためであると考えられる (ヴィゴツキー, 1966)。内言の発達は，文字を習得し，学校教育によって書き言葉の世界をもつようになること，自分の思考を明確にしたり，洗練したり，あるいは，反省的にとらえるのに役に立つ。
　組織的・意図的な教育によらずに，日常生活のなかで観察したり，さまざまなメディアを通じて得た情報によって獲得した科学的事象や社会的事象に関する概念や知識は，誤ったルールにもとづいていたり，断片的であったり，相互に矛盾していたりすることが少なくない。たとえば，小学生でも知っている「地球は丸い」という知識と，「地面は平らである」という日常観察する経験によって得た知識は矛盾する。しかし，それに気づくだけでは両者を整合的に説明できる考えには到達しない。日常経験を通して直接観察できることだけからは考えにくい引力の性質を，イメージしやすくし矛

盾の解決の仕方を教えることによって学習することができる（中島，1995）。特に，学校教育は，日常経験だけでは知識の変容が起こりにくいような領域で，こうした工夫によって学習を援助することが重要である。

### (2) メタ認知

　自分が何を知っていて何を知らないかを考えてある問題が解けるかどうかを予測したり，解決のプランを立てたり，思考過程に誤りがないかどうかを点検することなど，認知についての認知をメタ認知と呼ぶ。その発達は，幼児期に始まり，児童期を通して進む。算数の問題を解く過程での問題の理解，式を立てるプランニング，計算を行う方略の実行などの各場面でのメタ認知（岡田，1987），あるいは作文の推敲の過程（内田，1989）や文章の読解過程で必要に応じて文を読み返すことによって内容の矛盾に気づく（佐藤，1985）など，高学年にかけて適切なメタ認知が行われるようになる。こうしたメタ認知の発達は，理解を深め，学習の効果を高める。

### (3) 他者との相互交渉による学習

　他者との相互交渉により，子どもは自分とは異なるものの見方や考え方に出会い，自分の知識や考えが不十分であることに気づいたり，自分の考えを洗練する機会を得る。なかでも，子どもどうしでは，お互いの能力や知識の差が固定的でないため，自由に考えを交換しやすい。学校の授業での討論では，特に，他の子どもの意見や考えに対して論拠を示して反論するように教師がうながしたり励ましたりすると，発言しやすくなる。子どもたちが自分の考えを弁護するとともに異なる考えを論破しようと積極的に討論に関与する場合には，その場で発言しなかった子どもでも，他の子どもの発言に自分の考えの代弁者を見つけたり，自分の意見と反対の意見とを対比させて考えたりして学習の効果が高まる（Hatano & Inagaki, 1991）。論理的な矛盾を矛盾として受け止め，一貫性を求める思考の枠組みをもつようになる中学年以後の子どもたちには特に効果的である。

## 4. 青年期――抽象の世界へ

### (1) 仮説演繹的思考

　小学校高学年から中学生にかけての青年期に入る頃には，現実の事象や具体的な経験にもとづかなくても，あらゆる可能性を仮定して論理的に考えられるようになる。仮説演繹的な思考である。ピアジェは，11，12歳頃から始まるこの段階を形式的操作

期と呼ぶ。言語や記号で表現された命題を扱い，論理的な規則に従って形式的な推論を行うことができるようになる。ある結果をもたらす条件が何であるかを見つけるというような課題で，前操作期の子どもはデタラメにいくつかを試す。具体的操作期の子どもはそれよりは組織的であるが別の可能性はないかとうながしても全部を試さないうちにそれで終わりだと答える。形式的操作期では，すべての可能な条件の組み合わせを考えて組織的に検討する（Piaget & Inhelder, 1958）。

　この段階の中高生は，現実に縛られずに，可能性やあるべき理想を求めたり，抽象的な議論をしたりする。また，直接経験の範囲を越えて，見知らぬ人々や世界のできごとにも関心をもつ。このようにより多くのことがらについて想像をめぐらし，論理的に考えられるようになる。

### (2) 社会的認識の発達

　このような思考の発達は，社会的事象の認識においても見られる。小学校低学年ではものの売り買いには金銭の授受がともなうことは知っているが，店で買い物をするといった限られた場面での自分の経験に制約された理解にとどまる。客の払った代金はレジに置かれておつりとして使われるだけだと考えたり，スイカのほうがバナナよりも高いのは大きいからとかおいしいからだと考えたりする。中学年から高学年になるにつれて，売り手と買い手の生活，需要と供給，生産のための労働など，ものの背後にあって直接目には見えない人と人の関係などに徐々に気づくようになる。さらに，中高生では社会・経済システムと関連づけて論理的に理解するようになっていく（田丸，1993）。しかし，社会的システムの理解は青年期を通しての学習課題であり，たとえば金融制度としての銀行のしくみは大学生でも必ずしも正しく理解していない者が多い。（Takahashi & Hatano, 1994）。

### (3) 抽象的・言語的思考による学習

　青年期には言語的・抽象的な論理的思考ができるようになるので，直接経験や具体的なイメージの支えがなくても，知識を習得することができる。既有の認知構造と関連づけることができれば，文章教材や言語的教授による方法でも，機械的な暗記に陥らずに有意味学習を行うことができる。しかし，そのためには，理解の枠組みとなりうる知識を先に呈示したり，生徒の認知構造を考慮した教材の呈示の仕方をするなどの工夫が必要とされる（Ausubel, 1963）。

# 12 他者理解

　「人」という漢字が示すように，ヒトは自分一人の力のみでは生きていくことができず，自分を取りまく人々（親，兄弟姉妹，友人などの仲間集団など）からのさまざまな支えを必要とする社会的な存在である。したがって，人が周囲の環境に適応していくためには，他者との相互の関わりあいを通して，意味ある関係をどのように築き上げ，どのように自己の世界を広げていくかという視点が必要である。

## 1．皆でいること，一人でいること

　子どもが成長し，社会集団のなかで生活していけるようになる（皆でいられる）ためには，大きく分けて2つの側面での発達が必要であると考えられる。1つめは，一人でいられる力を身につけていることである。2つめは，皆と協調して共同生活を営めるだけの社会的能力の獲得ができていることである。

### (1) 一人でいても大丈夫という感覚があること

　ヒトは本来孤独な存在としてこの世に生み出され，生き続けなければならないという宿命を背負っている。このように孤独に耐え，自分を取りまく世界に向かい合って生きていくためには，自分の力を信じて，一人でいられる能力，つまり孤独や不安や淋しさに耐える能力が必要である。そしてこのような能力が発揮される基盤には，自分自身への肯定感や自尊心などが育っていることが前提となる。「自分は大切な人間である」という感覚や，「自分は一人でもやっていける力があるのだ」という自己肯定感が十分に発達し，人格の核として定着している場合，多少，孤独で不安な状態に陥っても，何とか自分自身の力で切り抜けていけるものである。しかし，このような能力が育っていない場合，危機的な状況に遭遇するとパニックに陥ったり，退行などの防衛的な反応をし，この状況を乗り切れないということが起きてくる。では，そのような自尊心や自己肯定感はどのようにして育まれてくるのだろうか。

## ⑵ 乳・幼児期における基本的信頼感の獲得が基本

　エリクソンによれば，乳児期に母親(もしくはそれに代わる養育者)との関係のなかで，自分を取りまく世界に対する基本的信頼感を獲得できるかどうかが，その後の人格の形成に非常に大きな意味をもつという。この時期に周囲から十分にケアされ，深く温かい愛情に満ちた関係のなかで育てられることで，乳児のなかに「自分は生きるに値する人間なのだ」「周囲の世界は安全なのだ」という感覚が根づくと考えられる。

　幼児期では，安全な基地としての母親の存在を確かめながら，徐々に外界への探索を行い始める。そして子どもは自分なりのペースで自律を達成していくことを母親から肯定的に受け止めてもらえた場合，「自分の力でやっていってもよいのだ」とか「一人でもやっていけるのだ」という安心感と自信を獲得していく。

　このような経験を経て，子どもは身近に母親がいなくても，内的なイメージとしての母親の存在をしっかりと自分自身のなかに形成し，孤独や困難に耐える力を養っていく。このようにして一人でいられる能力を身につけた子どもは，次の段階として二者関係から三者関係へ，さらには仲間集団へとその交わりを拡大し，自己の世界を広げ，豊かにできるようになると考えられる。

　では次に，自分を取りまくさまざまな人間関係のなかで，子どもがどのように社会化されていくのかをもう少し詳しく見てみよう。

## 2. 社会化

### ⑴ 社会化と個性化

　子どもが自分の所属する社会集団のルール等を習得し，集団の一員としての役割を身につけていく過程を社会化の過程と呼ぶ。一方，一人ひとり独自の存在である人間が，自分らしさを発揮し，個性豊かな成長を遂げていく過程を個性化の過程と呼ぶ。この一見，矛盾しているようにみえる2つの異なる過程を，自己のなかで弁証法的に統一する作業が発達というプロセスなのである。両者は常にセットにして考える必要がある（新井，1997）。社会化を欠いた個性化は，わがままな子どもたちを生み出すであろうし，個性化を欠いた社会化は，均質化され，生気を失った体制順応的で無気力な子どもたちを生み出すであろう。どちらか一方を欠いても不十分なのである。この2つの過程は，乳児期から成人期までの間，周囲の社会環境との相互作用のなかで，逆三角形型の螺旋階段を登るように，絶えず統合の促進と拡大が図られていく。そして最終的には現実社会への適応と貢献ができるレベルにまで高められていくのである。

⑵ 「違い」を受け入れ，個性を大切にする教育の必要性

しかし，ここで見逃してはならない問題が一つある。それは自分と異なる資質をもった存在を排斥したり，同一化を過度に強制しようとする悪しき意味での社会化を強いる動きが，日本の社会では非常に強いということである。

そのような風潮を容認せず，自分とは異なる存在を受け入れ，他者との差異を自らの成長の原動力とする教育がこれからの学校で求められている。人は皆，姿形が違うようにそれぞれ独自の異なる個性の持ち主である。新しい価値が生み出され，文化が創造されるためには，自分と異なる存在との激しい葛藤と対立を経なければならない。「違い」を排除するのではなく，「違い」を認めること。まずはそれが第一歩であろう。違いを認めるということは，他者を生かし，自分を生かすことでもある。そして「違い」を「違い」として認めたうえで，共通項をさぐり，新しい価値を作り上げていくこと。これが次の一歩である。異質な存在や少数派をこそ尊重するような学級，学年，学校集団を，実践的にどのようにして作り上げていくのか。教師に課せられた課題は重い。

⑶ 友人理解の発達

子どもの社会化の過程で，最も大きな影響を与えるものの一つが友人関係である。友人と適切な関係を取り結べるためには，相手がどのような状態にあるのかを推測し，理解する能力の発達が前提となる。

他者理解能力の萌芽はすでに乳幼児期に認められる。子どもは1歳台後半には，他者を慰めようとする行動を出現させたり，相手の好き，嫌いという心理を把握できるなど，他者の情動表出の意味や原因について推測し，分析する認知的な能力を有することが知られている（久保，1997）。また子どもには2歳半〜3歳ごろから嘘をついて人をだますという行動が見られるようになり，他者の内的な状態を予測する力が育ってくることも見いだされている（荻野，1997）。

「心の理論」と呼ばれる最近の研究によれば，他者の情動を願望や考えと関連づけて理解できるようになるためには幼児期の終わり頃までかかることが見いだされている（久保，1997）。また，ピアジェは有名な「三つ山問題」を用いて，10歳以降にならないと他者の視点や立場にたってものを見たり，考えたりすることができないことを明らかにしている（新井，1997）。このような「自己中心的な思考」（他者の立場からものを考えることができないこと）のため，2〜7歳ぐらいまでの子どもは，友人たちと円滑な関係を取り結ぶことが難しいと考えられる。しかし，子どもは一人遊びから傍観遊び，平行遊び，連合遊びなどの遊びを介して，徐々に他の子どもがどんな

考えや感情をもっているのかを推測し，理解できるようになっていく。

　児童期に入ると，人物の特性を考慮に入れた他者理解が可能になり，恥や誇りなどの複雑な感情についても分析が可能になる。そして自他の視点が分化し始め，自分自身を対象化してとらえる力が育ち始める（久保，1997）。児童期後半に入ると，自己中心的思考から脱却し，他者の視点を考慮に入れた行動が可能になってくる。そのため他者理解の能力が向上し，友人関係の構築もかなりスムーズに行えるようになる。「ギャング・エイジ」と呼ばれる徒党集団を形成し，組織的な遊びを展開できるようになるのもこの頃からである。久保（1997）はこのような他者理解の発達を規程する要因を3つあげている。1つは人への敏感性という生得的傾向である。2つめは対象について分析する能力の発達である。そして3つめは人とのやりとりという社会的な経験である。この3つの要因が互いに影響しあい，他者理解の発達をかたち作ると考えられる。このどれか1つが欠けても，発達が阻害されてしまう可能性が高くなる。3つの要因のバランスよい発達こそが，子どもの友人理解能力の発達を促進し，社会化を進めるうえで，必要不可欠なのである。

## 3. 他者理解をうながす教育的働きかけ

### (1) 道徳性発達と道徳教育

　道徳性とは，われわれがある特定の行為をしたり判断を下すときに，自分自身のなかで拠り所としているものの本質を指す。道徳性は親によるしつけや，仲間集団との交わりを通して自然に獲得されていく。

　ここではコールバーグの代表的な道徳性の発達理論を見ておこう。

　コールバーグは道徳的葛藤を引き起こす価値判断場面への対応の仕方にもとづいて，道徳性の発達段階に3つの水準があることやそれぞれの水準に2つの段階があること（3水準6段階説）を示した（表12.1）（コールバーグ，1987a；コールバーグ・ヒギンズ，1987；村田，1990）。

　その表の第一水準には幼児期が，第二水準には児童期から青年期前期が，そして第三水準には青年期後期から成人期が対応していると考えられている（大庭・河村，1999）。

　さて，このような理論的研究は，日常の教育実践のなかに生かされて，実際に効果をあげているのであろうか。

　少なくとも現在の日本の教育においては，それは当てはまらないといえるだろう。原因はいろいろと考えられるが，ここでは大きく3つをあげてみたい。まず1つめは，

●表12.1 道徳判断の発達段階（Kohlberg, 1969，村田，1990より）

| 前慣習的水準<br>子どもは自己の行動の結果に方向づけられている。 | 段階1．苦痛と罰を避けるために，おとなの力に譲歩し，規則に従う。 |
|---|---|
| | 段階2．報酬を手に入れ，愛情の返報を受けるような仕方で行動することによって，自己の欲求の満足を求める。 |
| 慣習的水準<br>子どもは他者の期待，および慣習的な仕方で行為することに方向づけられている。 | 段階3．他者を喜ばせ，他者を助けるために〈良く〉ふるまい，それによって承認を求める。 |
| | 段階4．権威（親・教師・神）を尊重し，社会的秩序をそれ自身のために維持することにより，〈自己の義務を果たす〉ことを求める。 |
| 後慣習的水準<br>子どもは，さらに抽象的な道徳的価値と自己の良心に方向づけられてゆく。 | 段階5．他者の権利について考える。共同体の一般的福祉，および法と多数者の意志によりつくられた標準に従う義務を考える。公平な観察者により尊重される仕方で行為する。 |
| | 段階6．実察の法や社会の規則を考えるだけでなく，正義について自ら選んだ標準と，人間の尊厳性への尊重を考える。自己の良心から非難を受けないような仕方で行為する。 |

教育をする側に「道徳性とは何か」「道徳教育とはどのようなものであるべきなのか」に関する基本的なコンセンサスが得られていないことがあげられる。2つめに「どのような道徳性をもった人間を育てたいのか」という具体的な教育目的，目標が不明確だということがあるだろう。3つめに道徳教育のカリキュラムの作成に際して，何を軸にして組み立てればよいのかが明確になっていないことも考えられる。前者2つについては，今後保護者を巻き込んで学校全体で議論を深めるべきことである。3つめのことがらに関しては，筆者は「人権」がそのキーワードになると考えている。そして従来行われてきた徳目中心の道徳教育ではなく，日常の生活における葛藤場面（たとえばクラスでのいじめの問題など）を積極的に取り上げ，具体的に価値を戦わせながら討論をし，自分たちの力で実際に問題を解決していくこと。そのような経験の積み重ねのなかでしか，道徳性というものは養われないと考える。「道徳の時間」という特別な時間を設けて，その時間だけ学んでいれば道徳性が身につくということはありえない。学校教育で行われるあらゆる活動のすべてが「人権」というキーワードを軸にして有機的に構成され，有効に機能しているのかどうかを，もう一度検討する必要があるように思う。

　さらにもう1点見落としてはいけない問題がある。それは環境問題である。現在地球的規模での環境破壊が進行している。「人種や国家の枠を超え，人類全体にとっての幸福とは何か」「われわれは何を守り，何を捨てねばならないのか」を決める時期

にきている。そのような時代をリードできる人物を育成するための総合的な教育カリキュラムの開発が急務である。その際，開発の軸として道徳教育の果たす役割は決して小さくない。地球環境を守るということは，とりもなおさず，われわれ自身の生活を守るという「人権」そのものの問題であり，真の人類愛とは何かという道徳教育上最も重要な問題の一つと密接につながっているからである。21世紀に向けてどのような価値観をもった人材を育てたいのか，根本に立ち帰って論議を深めていく必要があろう。

## (2) 共感性の促進

共感とは他者の世界（思考や感情）を，あたかも自分の世界で起きているかのごとく正確に感じとることであり，共感性（empathy）とはその共感の程度のことである（瀬谷，1981）。相手（の世界）に共感する際には，単に認知的なものにとどまらず，感情的なものもふくめた「からだ」全体で共鳴していくことが求められる。文字どおり，五感すべてを駆使して他者の世界を理解しようとするのである。

このような共感にもとづく他者理解は，心理療法やカウンセリング，教育や保育という対人関係の援助を職業とする人にとっては，非常に重要なことである。では子どもはどのようにして，この共感性を発達させていくのであろうか。

ホフマン（1981）によれば，子どもの共感性の発達過程は４つに区分される。

①**誕生間もない時期〜生後１歳前後**　自他が未分化な時期。他者の叫び声を聞いて自分も叫び声を上げるなどの行動を示す。ここでの反応は生得的な反射に近いと考えられる。

②**２〜３歳ぐらい**　他者の苦悩への関心を持ち始めるが，適切な援助行動はできない状態。

③**４〜５歳ぐらい**　象徴的な能力が向上するため，他者の微妙な感情を読みとったり，目の前にいない人の気持ちにも共感できるようになる段階。

④**６〜９歳ぐらい**　現前の他者の窮状をおもんばかることだけでなく，人間集団や社会に関する共感もできるようになってくる段階。

上記のような過程を経て，子どもは徐々に他者の苦悩に対して，より深く，しかもより適切な解釈ができるようになっていくと考えられている（村田，1990）。

共感性が高いということは，他者理解の能力が高いと同時に，それに関連する対人的，対社会的な関係を円滑に行う能力が高いことも予想させる。実際に児童期に入ると友だちの感情の推測能力の高い生徒のほうが，友人関係も良好であることがわかっている（新井，1997）。

そして最近の研究では，虐待を受けた子どもは，他者の感情を認知する能力が未発達であるとの報告がなされており，親や周囲の人たちが示す適切な感情表出のモデルが，子どもの感情の認知や表現に大きな影響を与えていると考えられる（新井, 1997）。

### (3) 性役割

次に男女の性役割意識の取得について見ていきたい。われわれは男女の性差について考えていく際に，2つのことを区別する必要がある。

1つめは遺伝的，先天的に規定された男性，女性という生物学的差異（性差）という見方である。これをセックスと呼ぶ。ヒトの生物学的性差は，X染色体とY染色体のどちらの性染色体をもった精子が受精卵と受精したかによって決定される。

2つめは，自分を取りまく社会的，文化的な影響により後天的に形成されてくる差異のことである。これをジェンダーと呼ぶ。誰しも小さい頃に，「男の子なんだから，めそめそ泣いてはダメよ」とか「女の子だからお行儀よくしなさい」などと親や周囲の人たちから注意されたり，怒られた経験をもっているであろう。後者のように社会や文化がそれぞれの性に対して投げかけてくるさまざまな心理的，社会的特性を性役割という。

**①性役割取得の発達過程**　性役割の取得は，すでに誕生直後から始まると考えられている。その後，子どもは主として親からの性別に応じたさまざまな「しつけ」によって，役割の取得を行っていく。親のしつけに従わない場合は，当然罰せられ，しつけ通りに従った場合には，ほめられ，その行動が強化される。このような長期間でかつ広範囲に渡る「しつけ」によって，子どもはすでに2歳の段階で自分が男性か女性かの判別がつき，3歳前後には自分の性を強く意識することができるようになるといわれている（繁多, 1999）。

親は，自分自身の性役割観にもとづきながら，しつけを行い，子どもは同性の親の価値観を観察学習によって学び，自分自身を同一化させていくことによって「男らしさ」「女らしさ」を身につけていく。その際に親は子どもたちのよきモデルとして機能することになる。

このような性役割の取得は保育園や幼稚園，小・中・高校など学校教育のあらゆる機会を通じて，さまざまな面から強化され，知らぬ間にわれわれの意識のなかに刷り込まれていくのである。

小学校後半から高校卒業ぐらいまでのいわゆる思春期と呼ばれる期間は，男性ホル

モン，女性ホルモンなどの急激な増加によって，生物学的な差異も顕著に拡大する。この時期，男性も女性も身体面で急激な発達を遂げる。そして個人差という要因にも大きく影響を受けながら，両性の差異はますます拡大していく。思春期の子どもたちは，身体の急激な変化と心理的な成長とが必ずしもバランスよく発達しないため，自分自身の「男らしさ」「女らしさ」について深く悩むことになる。

　青年期は，エリクソンがいうように，「自分が何者であるのか（アイデンティティ）」を探索し，獲得する発達課題を背負う時期である。この時期は，自分がこれまで獲得してきた性役割観とこれから向き合う社会から要請される性役割観との葛藤に悩み，その調整を行う必要性が生まれてくる。そして両者の葛藤に悩みながらも，適度なバランスをとり，その溝を埋めていかなければならないのである。むろんそれは盲目的に自己を社会的な期待や役割に同一化することを意味しない。むしろ逆である。積極的に，そして主体的に己の性役割観を点検し，社会のなかで新しい生き方ができるように，自分自身を変革していくことなのである（柏木，1981）。

❷ジェンダー・バイアスの克服と新しい社会づくりに向けて　しかし，現在の日本社会においては，男性よりもむしろ女性のほうに，「女らしさ」というジェンダー・バイアス（偏見）が重くのしかかり，生き方を縛ることが多いように思う。たとえば女性が出産，育児というライフサイクル上重要なできごとに直面したときの（男性に比べて）女性の払う犠牲の多さとそれを当然視する社会的な眼差しがそのよい例となろう。われわれはこの性差や性役割を，あまりにも自明のこととして受け入れていないかどうかを再検討する必要があるように思う。男女の性役割分業意識が，学校教育全体にわたって刷り込まれ，拡大再生産されているという事実。そして，そのような意識が現実の社会構造と結びつき，われわれの職業生活や人生設計にも大きな影響を与えているという事実。これらの事実をもう一度教育の場で自覚的に問い直し，検討を加えていくことが，これからの住みよい社会づくりに大きな意味をもつと思われる。その過程においては，必然的に男の生き方も変更を余儀なくさせられるだろう。

　ジェンダーによる差異をどのように乗り越え，平等で豊かな社会を作っていくのか。教育への期待は大きい。新しい社会づくりに向けて，小さな変化を日々の授業実践のなかでどのように生み出していくのか。個々の教師の性役割観が問われているのである。

## 3部
## 個人差の理解

13　個性の把握
14　知性の理解
15　人格の理解
16　社会的能力の理解

# 13 個性の把握──個人差測定の活用

## 1. 個性へのアプローチ

　「個性を生かす教育」「個性化と多様化」といった言葉は，教育における基本的問題としてしばしば取り上げられることであるが，「個性」とは何か，また，その「個性」をどうとらえるべきかは，そう簡単な問題ではない（星野，1989）。

　日常的には，「個性的」というと，目立った特徴をもつ「ユニークさ」，あるいは，「特異性」といった意味で使われることが少なくない（詫間，1984）。「最近の学生は『個性』がなくなった」などという表現をよく耳にするのは，その一例であろう。しかし，「個性を生かす教育」という背景には，すべての人はその人でなくてはもちえない「個性」をもっている，ということが前提となっている。そこに存在する学生たちも，その意味では，確かにすべて異なる「個性」をもっている。けれども，ある視点からすると，「個性」がなくなったと見えるのである。「個性」は，一個の個人の総体であって，単独で取り出せるものではないのだが，日常では，その「個性」のある側面が切り取られて，総体を代表するかのような特徴として解釈されてしまうことが少なくない。

　その「側面」なるものは，心理学的なある構成概念として，一定の方法によって「測定」され，量的に表現されることがある。そこで得られる測定値は，ある集団のなかで一定の変動幅をもつことになるが，「個」は，その幅のなかでどのあたりに位置しているかによって特徴づけられる。その位置の違いが，そこで問題とされている特徴の「個人差」としてとらえられるのである。もちろん，それは，あくまで「個性」の一側面にすぎないし，とりわけ，教育という営みのなかでは，そこでとらえられる一側面が教育そのものにどう生かされるかという点が重要になるのだが，往々にして数値が一人歩きすることになって，かえって「個性」を見失わせることも少なくない。そもそも，教育科学のなかで，「個」のある特徴を浮き彫りにするために，客観性を求めて開発されてきたさまざまな測定手法とそれによって得られる量的データを，どのように統合して全人的な「個性」に結びつけていけるかということは，むしろ

ろこれからの大きな課題でさえある。

ここでは，その意味で，まず「個人差」を反映する量的データの解釈の仕方，使い方について概観し，「個性」というものに向けての更なるアプローチの一つの端緒を提供することとしたい。

## 2. 個人差を知る──集団のなかにおける個人の相対的位置

心理学，教育の領域では，個人のある特徴を把握するために，それに関する構成概念や理論的モデルにもとづいて，さまざまな心理テストや質問紙が開発されている（堀ほか，1994）。それに対する個人の反応は，一定の方式で得点化され，その個人がある尺度上に位置づけられる。さらに，それぞれの尺度得点は，比較のためにいくつかの方法で標準化されるなどして「個人差」をより的確に知る手がかりとされていく。

「標準化」は，問題とされる規準集団のなかで，個人が相対的にどこに位置づくかを反映する指標で素得点を再表現することである（表13.1参照）。たとえば，小学3年生の知能や学力が対象となっている場合には，小学3年生全体の集団が想定され，知能テスト，学力テストの素得点が，その集団の相対的位置を表す指標に変換される。素得点そのものはテストの難易度に依存するので，直接の比較は意味のないことが多いが，標準化することによって，たとえば，知能偏差値と学力偏差値を比較して，能力に応じた学習がされているかを反映する「成就値」などと呼ばれる指標が開発され

●表13.1　集団における相対的な位置を表す指標

| | |
|---|---|
| ①パーセンタイル順位 | $P=i/(n+1)\times100$　ある順位 $i$ を総度数 $n$ に対する％で表したもの。$(n+1)$ で除するのは，昇順と降順のパーセンタイル順位の和を100にし，$(n+1)/2$ 位を中央値とし，また，正規化得点を求める（0％，100％を避ける）などのための一つの工夫。 |
| ②標準得点 | $z=(x-\bar{x})/s$　ある素得点 $x$ の平均値 $\bar{x}$ からのズレの大きさが標準偏差 $s$ の何倍であるかを表したもの。平均0，分散1。 |
| ③偏差値 | $Z=10z+50$　標準得点 $z$ の10倍に50を足したもの。一般に，$y=az+b$ という線形変換によって，平均 $b$，標準偏差 $|a|$ となる変数 $y$ に変換することができる。心理テストによって，$a$，$b$ の値はいろいろであるが，知能テストなどでは，たとえば $a=15$，$b=100$ などとすることによって，知能指数（IQ）に対応する偏差IQ（平均100，標準偏差15）と呼ばれる指標がもっぱら利用されるようになっている。 |
| ④正規化得点 | $z$　昇順のパーセンタイル順位 $P$ に相当する累積確率 $p$（$=P/100$）に相当する標準正規分布の $z$ 値。標準得点や偏差値は，得点分布に正規分布を想定しており，歪みや外れ値等が含まれる可能性がある場合には，必ずしも適切な指標とはいえない。そのような場合に正規化得点が利用される。5段階評定は，正規分布にもとづいてそれぞれの％が決められており，一種の正規化得点といえる（図13.1）。 |
| ⑤T得点 | $T=10z+50$　正規化得点 $z$ を偏差値化したもの。 |

●図13.1 累積確率 $p$ に対応する
正規化得点 $z$ と 5 段階評定

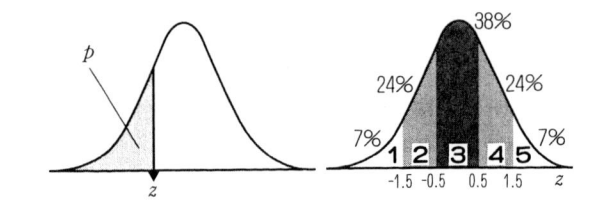

たりもしている。

　「標準化」に際してどのような指標が利用されるかは，素得点の統計的特徴や，それらの指標が利用される文脈に依存することであり，どれが優れているということは一概にいえない。たとえば，わかりやすい指標としては，パーセンタイル順位をあげることができるが，0〜100%の範囲に値域が限られ，それを合成したりといった発展的な利用には不自由である。標準得点や偏差値は，間隔尺度として合成も可能であるし，また，心理学や教育の領域で扱われる多くの指標が正規分布に近い分布をすることからも，合理的な指標として最もよく利用されるが，現実には，分布の歪みや外れ値が含まれる場合も少なくなく，かえって注意を要する指標ともいえる。正規化得点は，算出の手続きがやや複雑になる分，得点の意味が了解しにくくなるきらいもあり，あまり利用されてはいないようだが，外れ値などに影響されにくい「抵抗性」の高さは，それなりの利用価値がある指標である。

　また，いかに標準化されようと，基本的に，テストや質問紙によって得られる「測定値」であることには変わりなく，信頼性，妥当性等の，測定に関わる問題を避けて通ることはできない。つまり，それぞれの測定値には誤差が含まれており，その測定精度に依存して，得点の差によっては「個人差」を云々できないこともしばしばである。また，言うまでもなく，得点それ自体が「個」のすべてを表すということはなく，妥当性の観点からそれが意味する範囲を十分にふまえて，過剰に一般化することのないように留意すべきである。

## 3. 希現象を知る──外れ値を探って

　「個性」を「特異性」という範疇でとらえるとすれば，まずは，ある「個人差」を反映する指標において極端な値をもつ「個」が注目されることになる。知能指数などによって，「天才」や「学習遅滞」などが抽出されるといったことがその典型といえよう。

　このような場合にまず問題とされることは，極端な値（外れ値：outlier）をどの

個 性 の 把 握 —— 個人差測定の活用

あるクラスのテスト得点（架空）
に関する幹葉表示（左）

```
         ★    96   極外値
9 *
    7         ☆    87   外側値
  ・
8 *
  ・
7 *
  ・    5 6 8        68   上・隣接値
6 *  0 2 3           64   第三・四分位数 Q₃
  ・  5 5 6 6 7 8 9   57   中央値     Q₂
                     53.5  第一・四分位数 Q₁
5 *  0 2 3 4         48   下・隣接値
  ・  8 9
4 *
```

★箱型図の作成手順
① $Q_1$, $Q_2$, $Q_3$ を求める。
   (ex. $Q_1$=53.5, $Q_2$=57, $Q_3$=64)
② 四分位範囲 $R_Q=Q_3-Q_1$ を求める。
   (ex. $R_Q$=64−53.5=10.5)
③ 四分位範囲の1.5倍，3倍を求める。
   (ex. 1.5$R_Q$=15.75，3×$R_Q$=31.5)
④ 内境界点：下 $Q_1$−1.5$R_Q$，上 $Q_3$+1.5$R_Q$ を求める。(ex. 37.75, 79.75)
⑤ 外境界点：下 $Q_1$−3$R_Q$，上 $Q_3$+3$R_Q$ を求める。(ex. 22, 95.5)
⑥ 隣接値：内境界点の内側にある最も境界点に近いデータの値を求める。(ex. 48, 68)
⑦ 四分位数の値のところで箱を作る。
⑧ 箱の中の中央値のところに線を書き入れる。
⑨ 箱の端から隣接値まで線を引く。
⑩ 外側値：内境界点と外境界点の間に含まれるデータを☆で示す。(ex. 87)
⑪ 極外値：外境界点の外側にあるデータを★で示す。(ex. 96)

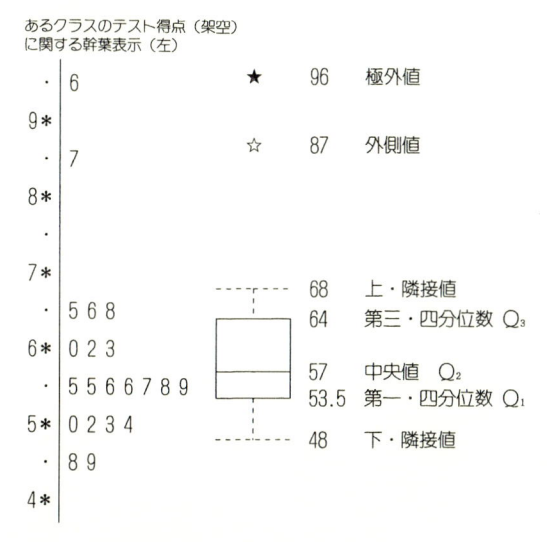

●図13.2　箱形図（右）の描き方と外れ値

ように定めればいいかということである。図13.2は，探索的データ解析（渡部ほか，1985）で利用される箱形図（boxplot）と呼ばれる分布の図示方法である。そこでは，中央の約50％に相当するデータが含まれる箱の部分から，その箱の幅（四分位範囲）の1.5倍離れた「内境界点」の外にあるデータを「外側値」，さらに，1.5倍離れた（箱から3倍）「外境界点」の外にあるデータを「極外値」と呼んで，「外れ値」として示す。

　この図示方法によれば，たとえば，正規分布の場合には，中央の約50％の箱は $z\fallingdotseq\pm0.674$ となり，内境界点 $z\fallingdotseq\pm2.698$ の両外に約0.7％，外境界点 $z\fallingdotseq\pm4.721$ の両外に0.0002％強となる。したがって，「外側値」「極外値」とも，正規分布に従うデータでは非常に出現しにくい値であることが窺えよう。

　「外れ値」を，即，「天才児」等の何らかの特別な意味に結びつけることは危険である。たとえば，測定方法が不適切であったことによって外れ値が生じたと判断される場合には分析から除外すべき場合もある。そのような「雑音」要因が認められず，測定が規定通りに正しく行われたときに「外れ値」が存在するようであれば，「天才児」や「学習遅滞児」の可能性を吟味する手がかりとしていくことができる。それでもなおかつ，その他の誤差要因の混入の有無を確認する姿勢が望まれる。すなわち，数値そのものが「外れ値」であることだけでは，その値をもつ個が特別な意味をもっているとは一概にはいえないのであって，その指標が得られた文脈や，その「個」自身を

吟味することを通して，はじめて「外れ値」の意味が浮き彫りにされていくという点に留意しておく必要があるだろう。

そのような吟味を経て，ある「個」が，何らかの特異な能力をもっていると認められたり，また，何らかの障害をもっている可能性が認められれば，それに応じた対処が講じられていくことになる。「特殊教育」などと呼ばれる領域は，まさに，そのような両極端のわずかな層の子どもたちに対する教育を対象とするものといえよう。

## 4. 関連性のなかの特異性——散布図のなかの外れ値

特殊教育などの実践現場では，一つのIQの「外れ値」ということで，単純に，「天才」だ，「学習遅滞」だと分類するだけでは済まされないことがむしろ通常である。そこで，1つで十分でなければ2つ，2つで十分でなければそれ以上というように，複数の指標で「個」を表現していこうという動きが出てくる。複数の指標が得られると，個々の指標の「外れ値」ばかりでなく，2つの変数の関連性における「外れ値」というものも出現してくる。

知能テストは，いくつかの下位検査から成り，そこから，たとえばWISC系のテストの言語性IQ（VIQ），非言語性IQ（PIQ：動作性IQと呼ばれることもある）等，いくつかの指標が「個」に対して提示されるようになっている。通常，これらのIQは，集団全体では相関が高く，動作性IQが高ければ言語性IQも高いという傾向が見られることになるが，その2つの指標を散布図に表してみると，時にして，個々のIQではそれほど外れてはいない値を示すにもかかわらず，その散布図において外れた値となっているということがありうるのである（図13.3の●参照）。

図13.3のように，2つの変数の相関が高く，両変数とも偏差値などのかたちで標準化されていれば，ほとんどのデータ対で，2つの指標の差はそれほど大きくならない。しかし，2変数の関連性における「外れ値」は，図13.3のように，2つの指標差が大きくなっていることがわかる。このような2つの指標の食い違いのことを，ディスクレパンシー（discrepancy）と呼ぶことがある。そして，実際に，WISC系のVIQとPIQのディスクレパンシーは，学習障害（LD：learning disability）の診断に活用され，VIQが低い言語性LD，PIQが低い非言

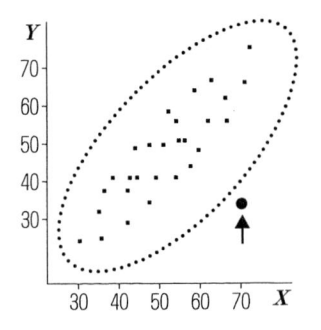

●図13.3 2変数の散布図における外れ値

● 図13.4　適性処遇交互作用
（伊藤, 1999より）

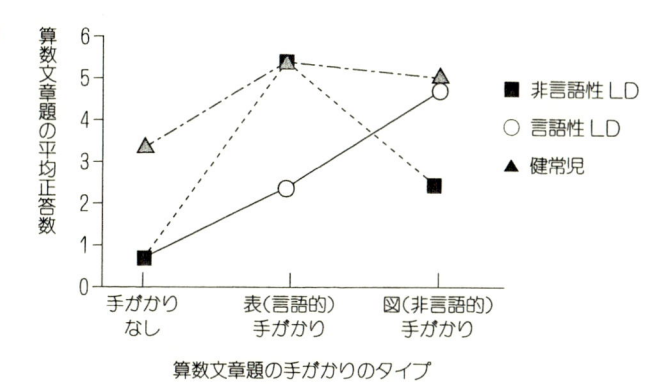

算数文章題の平均正答数（縦軸）／算数文章題の手がかりのタイプ（横軸：手がかりなし，表（言語的）手がかり，図（非言語的）手がかり）

■ 非言語性 LD
○ 言語性 LD
▲ 健常児

語性 LD などと分類されたりもしている。

　このように，いくつかの変数から，ある種の障害をもった児童が的確に分類されれば，その障害を克服するための教育的プログラムを開発していくことも可能になる。たとえば，図13.4に示したように，算数の文章題に関して，解への手がかりとして，表（言語的）を用いるか，図（非言語的）を用いるかによって，健常児は，いずれの手がかりよっても，成績が同様に上昇するが，言語性 LD では，図の手がかりのほうが効果があり，非言語性 LD では，表の手がかりのほうが効果があるといった違いがある（伊藤，1999）。このように，学習者の特徴（適性）によって教育方法（処遇）の効果が異なる現象を，適性処遇交互作用（ATI: aptitude treatment interaction）と呼び，それがさまざまな場面で生じうるということが，「個性」をいかに浮き彫りにするかという研究的アプローチの引き金になっているといってよいであろう。

## 5. 個人内差を知る──個人のプロフィールを描く

　このように，「個」から得られるいくつかの指標を並べて，個人の「プロフィール」を描き，それにもとづいて「個人内差」を知ることによって，教育的・治療的なさまざまなアプローチが試みられるようになってきている。たとえば，いくつかのテストを組み合わせて（テスト・バッテリー），それらの偏差値を並べたり，また，多くの心理テストでは，10前後の下位検査・下位尺度を含んでいて，それらの得点が並べられて個人の長短を知る手がかりとされる。

　ただ，そのプロフィールをどう解釈するかという点で，まず注意しておくべきことは，どの程度の「個人内差」を「差」があるとみなせるのかということである。

　一般に，2つの得点の差得点の信頼性係数 $\rho_-$ は，その2つの得点の相関係数を $r_{12}$，

3部　個人差の理解

それぞれの信頼性係数を $\rho_1$, $\rho_2$ とするとき,

$$\rho_- = \frac{(\rho_1 + \rho_2)/2 - r_{12}}{1 + r_{12}}$$

と表されることが知られている。このモデルに従えば，差得点の信頼性は，2つの得点の相関が高ければ高いほど低くなる。つまり，VIQとPIQのように，相関が高い指標の差は，基本的に信頼性が低い指標となる。したがって，VIQとPIQのディスクレパンシーを認めるためには，かなり大きな差が必要となる（一般には，IQの差が15以上）。

そこで，個人内プロフィールを問題にする場合には，そこに含まれる指標間の相関が小さくなるように，そして，個々の指標の信頼性が高くなるように構成される。そのために，性格テストをはじめ，各種テストでは，項目の因子分析などが行われ，下位検査の得点どうしの相関があまり高くならないようにチェックされ，その前提のもとに，個人内差を表現するプロフィールが描かれることになる。

さらに，そこで求められるプロフィールが，クラスター分析などの多変量解析手法の助けを得ながら，いくつかの類型に分類され，「個性」を浮き彫りにするための一助とされていくことになる。たとえば，YG性格検査などでは，120項目が12の下位検査に分けられ，図13.5に示したように，そのプロフィールから，性格の類型化が試みられている（渡部，1993）。

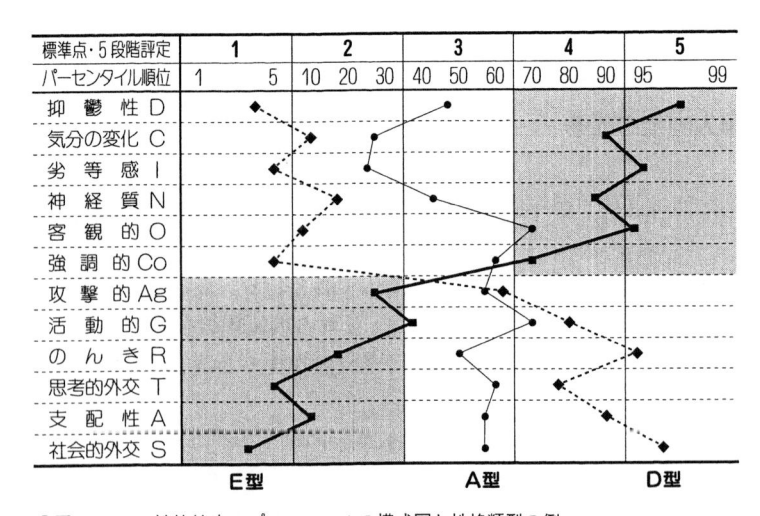

●図13.5　YG性格検査のプロフィールの模式図と性格類型の例

「個」を類型化することは，「個性」という考え方からすると，逆方向のアプローチのようにも思えるが，「個」への適切な対応は，その「個」に対して一定のモデル化がなされることによってはじめて実現しうる。したがって，一個一個異なる「個性」といいながらも，その異なる「個性」をあるレベルでは一つにまとめていく操作が必要とされることになる。そして，実際の教育や治療の実践のなかでは，そうした類型化されたモデルからのズレが，どのような「個」であっても必ず見えてくる。そのモデルからのズレを適切に見いだすことによって，教育や治療の調整がより効果的に行われることにもなる。そしてさらに，そのズレから新たな類型化が試みられ，より適切な「個性」の見方が浮き彫りにされていくという循環が積み重ねられていくことになるのである。

　ここに紹介した「個人差」を測る諸手法は，その無限のループのごくわずかな一断面を担うものである。

# 14 知性の理解

## 1. 知性とは

　子どもが，新しい事態や解決すべき問題に出会ったとき，状況や課題を把握し，理解し，対処の方法や解決策を考える。そのとき，知性が働いている。知性は，知能とほぼ同様に使われ，環境に適応する能力として広義にとらえるのが一般的である。ウェクスラーは，知能を「目的的に行動し，合理的に思考し，能率的に環境を処理する個人の総合的・全体的能力」と定義した。

　1900年代初期まで知能は生得的な能力と考えられ，知能検査によってそれを測定することが追求された。しかしその後の研究から，知能は遺伝と環境の相互作用によって，すなわち生得的可能性をもとに経験や学習を通して獲得された能力と考えられるようになった。たとえばヘッブは，生得的な可能性としての知能Aとそれをもとに形成された知能Bとを区別し，われわれが知ることができるのは，顕在化した知能Bであると主張した。

　知能を理解するためにいくつかのアプローチが行われている。まず，心理測定論的アプローチとして，知能を測定し，知能の個人差やその内容を理解しようとするものをあげることができる。このアプローチでは，知能検査の得点の相関分析から知能の因子構造を明らかにしようとする。知能とは，一つの総体としての能力であるのか，いくつかの特殊な能力の構成物であるのかということについての研究が進められた。スピアマン（1927）は前者の立場から「一般知能」という，さまざまな知的課題に共通して働いている能力の存在を主張した。後者の立場ではサーストン（1938）が，知能は，「言語理解」「語の流暢性」「数能力」「空間関係」「機械的記憶」「知覚の速さ」「推理」といった7つの能力から構成されているとした。ギルフォード（1967）は，後者の立場をさらに進め，知性を構成する因子という考え方から，知能の構造モデルを提唱している（図14.1）。操作，内容，所産の3つの次元が想定され，操作には5つの知的活動，内容には4つの情報の種類，所産には6つの概念が位置づけられ，それらの組み合わせによって，120種類の知能因子が存在するとしている。

たとえば，2つの言葉の共通性を見つけるという能力は，「言語的内容」の「関係」について「収束的思考」を行うという能力に相当する。これらの因子は現在すべて確認されているわけではないが，知性を整理する視点を私たちに与えてくれる。

発達心理学者のピアジェは，知能を認識論的視点と生物学的視点から研究した。子どものもつ認識の内的機構（シェマと呼ばれる）が外界の事物や情報をそれに合わせて取り込み（生物学の概念から同化と呼ばれる），また機構自体を外界に対して適応的に変化させ（同様に調節と呼ばれる），

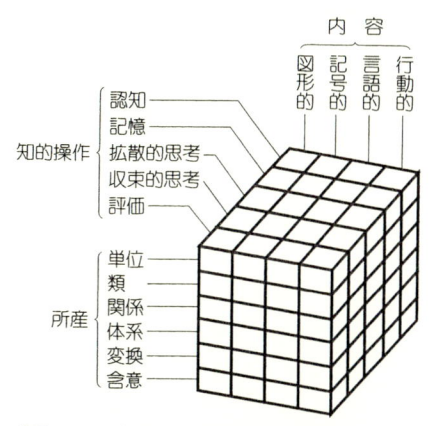

●図14.1　ギルフォードの知性の構造モデル
(Guilford, J.P. 1967)

より高次の段階へと知能を発達させていくと考えた。ピアジェは主に論理的思考の発達を扱っているが，乳児の感覚運動的知能にその源泉を求め，成人に至るまでの各発達段階に特有の認識の機構，思考の様式を想定している。ピアジェによるアプローチは，認識の主体としての子ども自身による知識の構造化，それの発達段階に応じた質的変化の重要性の視点を与えてくれる。

第三は情報処理的アプローチで，人を，情報を取り入れて統合・概念化して出力に至る一つの情報処理システムととらえ，知的な働きを情報処理的観点からモデル化するものである。心理測定論的アプローチでは，知能の構造的側面を扱うのに対して，このアプローチでは，知的働きのプロセスを扱う。知能の働くプロセスには情報処理のコンポーネント（要素）が想定され，課題を遂行する過程を分析してそれらを明らかにしようとする。たとえばスタンバーグは，メタコンポーネント，遂行コンポーネント，知識獲得コンポーネントの3種を区別している。メタコンポーネントは，課題遂行の計画，監視，評価を行う高次の制御過程で，いわば考えることについて考える作用である。遂行コンポーネントは，刺激の性質の符号化や関係の推論など課題遂行に必要な方略を実行する過程である。知識獲得コンポーネントは，新しい情報を学習したり，情報を記憶する過程である。情報処理的アプローチでは，個人差を情報処理の過程における差としてとらえようとする。そうしたとらえ方から，2で述べるような知性の働く過程を測定する検査が考案され，その特性を理解することが可能になってきている。

第四のアプローチは，神経心理学的アプローチで，大脳生理学や神経学の知見から

脳と関連づけて知能を理解しようとするものである。脳損傷の患者の症状との関連から分析するだけでなく，知的課題遂行時の脳機能の分析など，方法的な進歩がこのアプローチを発達させてきている。ルリアは，脳を機能的なシステムと考え，脳の3つの部位（皮質下，皮質の後頭葉・側頭葉・頭頂葉，前頭葉）が高次の知的働きの機能的単位（それぞれ，覚醒と注意，情報の符号化と記憶，遂行のプランニング・制御）に対応し，それらが関連しあって全体として機能しているとするモデルを提唱している（図14.2）。このモデルをもとに作成された

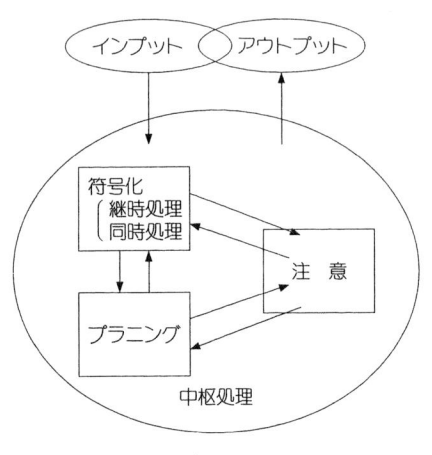

●図14.2 ルリア・ダス・モデル

K-ABC 心理・教育アセスメントバッテリーは，この観点から知性の個人差を理解しようとする検査である。

　これら4つのアプローチは，相反するものではなく，相互補完的に知能を理解するものととらえるのがよいだろう。

　さて，子どもが知性を働かせるときには，身体的，情緒的また社会的な要因が関与している。身体的条件や注意の配分，意欲やそれに関わる社会的状況によって実際に働く知性はかなり変化するものである。たとえば，先生が異なるとその課題への取り組みががらりと変わったり，好きなことに対しては高度の能力を発揮するが，関心のないものには発揮できないこともある。子どもの知性を理解するとき，それらの要因を含めて理解することが必要である。知性をそうした状況との相互作用のなかでとらえることにより，能力を子どものなかにある固定的なものとしてではなく，実際にそれを発揮していく学習環境との関係としてとらえる視点が生まれる。これは，特に，能力が低いとされる子どもについて指導を行うときに必要な視点である。

　知性は，脳の機能にその根拠があるものではあるが，われわれが子どもの知性を理解しようとする場合，それを何かの実体として直接見ることはできない。行動を通して間接的に推測することになる。知能検査は，子どもに課題を与えてその解決の過程を観察することによって知性を測定しようとするものである。発達検査は，乳幼児期の未分化な知性の理解，学力検査は，より限定された種類の知性――学校での学習課題の達成――の理解のために使われる。

## 2. 知性の働きにおける個人差

　子どもが知性を働かせるとき，まず対象に注意を向け，視覚や聴覚などから取り入れる情報を処理し，同時にそれらをすでにもっている認知や思考の枠組みと関連づけながら理解し，解決へと方向づけ，音声や動作などで表出する。これらの過程には，生来的にもっている特性と経験や学習との相互作用によって構成されてきたさまざまな個人差がありうる。

　個人差は，年齢や発達段階によって説明されるものだけでなく，まさにその子どもの個性というべきものとして理解できる。つまり，集団のなかで比較したものだけでなく，一人の子どものなかにあるさまざまな特性を含めた，多次元的な見方としての個人差を考える必要がある。個性を尊重した教育というとき，この知性に現れる個人差を考慮することが必要である。

　さて，個人差はどのようにとらえられるだろうか。個人差に応じた教育を考えるとき，それをある程度客観的にとらえることができ，またその個人差に応じた指導方法を適用できるようなものでなければならない。単なる抽象的な概念や部分的なとらえ方では実際的ではないだろう。最近，先にふれた知能検査やそれに類した検査で，この個人差をとらえ，その特性に応じた指導法を導くようなものが作成されるようになった。従来のビネー式知能検査のような，精神年齢や知能指数といった大まかな発達の程度や集団のなかの相対的な位置づけで個人差をとらえるものから，大きく変化してきている。

### (1) ITPA 言語学習能力診断検査からとらえられる個人差

　この検査（カーク・カーク，1974）では，広い意味でのコミュニケーションの能力を情報処理の過程（受容，連合，表出），情報伝達の回路（聴覚－音声，視覚－運動），処理の水準（表象，自動）の3つの次元でとらえ，そこから個人差をとらえようとしている。この3つの次元とその組み合わせから子どもの個人内の能力の発達差をとらえて，優位な能力を利用して全体の発達をうながしたり，学習上の問題を改善するような指導が計画される。たとえば，視覚－運動回路が聴覚－音声回路よりも優位な子どもは，言葉で説明されるよりも，具体的に見たり活動することによって，状況を理解したり，問題を解決することが容易になる。また，たとえば情報の受容過程でつまずいている子どもに対して，注意の向け方，動機づけ，情報の内容や提示の仕方などに配慮した指導を考えることができるし，一方，表出過程でつまずいている子どもに

対しては，表出手段の適切さ，安心感や自信など教室での社会的雰囲気などへの配慮が必要となる。

この検査が依拠している理論の妥当性については異論もあるが，臨床的には有用なとらえ方を提供している。

## (2) K-ABC心理・教育アセスメントバッテリーからとらえる個人差

この検査（前川・石隈，1995）は，認知処理尺度と習得度尺度からなるが，認知処理尺度では，継時処理と同時処理の2つの処理過程を独立に評価することができる。この処理過程は符号化といい，情報を何らかの表象に変換していく過程で，情報処理の中心的な機能と考えられている。

継時処理とは，情報を順序だった一つのまとまりとして符号を作り出し保持するタイプの処理の仕方，同時処理とは，情報の要素間を関連づけ一つの統合された全体として符号を作り出すタイプの処理の仕方である。たとえば子どもが漢字を学習するとき，継時処理が得意な子どもは，書き順にそって順序よく形を構成していく方法で容易に学習するであろうし，同時処理が得意な子どもは，全体の形を把握して意味づける方法で容易に学習するであろう。

こうした子どもの特性に応じた指導方法を適応することにより，効果的な達成を導き，反対に特性と指導とが一致しないと学習が困難になる。学習につまずいている場合，子どもに問題があるというよりも，指導の方法と子どもの特性が適合していないという見方をすることが大切である。

## (3) その他の点からとらえる個人差

知性の個人差は，この他にも情報処理の速度や学習の速度といったものからとらえることができる。学習遅進児（slow learner）といわれる子どもは，ゆっくりと処理し，ゆっくりと学習していくタイプの個性をもっている。知性を働かせるとき，時間が必要である。そのようなリズムに応じた時間をかけた指導，ステップ・バイ・ステップの指導によって学習を達成していくだろう。

また，注意の配分の個人差への配慮も考える必要がある。知性を働かせるとき，いま不必要なものへの注意を抑制し，必要なものへ注意を向けなければならないが，さまざまな要因からこの注意の配分がうまくいかなかったり，注意の持続時間が短い場合がある。注意をコントロールする能力が身体的要因や情緒的要因や社会的要因によって影響を受ける。もともと脳の機能として弱い場合もあるが，疲労，不安，見通しのなさ，失敗経験の集積の結果なども影響する。子どもがもっている知性を十分に発

揮できるように，このような面への配慮が必要になる。

## 3. 知能検査

　知能検査は，知能を測定するために作られたものである。1905年にフランスのビネーが，パリ市の教育当局から依頼されて学校での普通教育に適合しない子どもを見つけるために作成したビネー式知能検査が最初である。ビネーは，知能を方向性，目的性，自己批判性をもった統一体としての一般的知的能力と考え，それが作用する課題をやさしいものから難しいものへと並べて，知能の程度を年齢の尺度（精神年齢）として表せるようにした。このビネーの作成した知能検査はすぐに各国に紹介され，アメリカで1916年に知能指数（IQ：精神年齢と生活年齢の比）の概念が用いられるようになってから，知能を一つの数値で表せるという簡便さのため世界中に広まった。

　その後さまざまな知能検査が考案されたが，現在ビネー式知能検査と並んでもっともよく使われるものにウェクスラー式の知能検査がある。これは，児童用（WISC-III），成人用（WAIS-R），就学前児用（WPPSI）の3つに分かれている。ビネー式の検査が一般知能を測定するのに対し，ウェクスラー式の検査は，知能の構造，特性を測定し，診断的に用いることを目的としている。もっとも最近改訂されたWISC-IIIでは言語性IQ，動作性IQ，全検査IQの3種のIQの値，言語理解・知覚統合・注意記憶・処理速度の4種の群指数，知能のプロフィールから個人の知能を理解することができる。

　2でふれたITPA，K-ABCなど，知性の働きの個人差を評価し，指導に結びつける新しいタイプの検査の開発も行われている。

　知能検査は，公平に正確に知能を測定できるように，なるべくどの人にとっても新しい問題，もしくは，同年齢の人にとって同程度のなじみのある問題が選ばれ，課題の提示の方法や評価の方法の基準が決められている。

　これまで，知能検査についてさまざまな問題も指摘されてきた。特に，主に教育の場の選別のために使われ，それが知能検査批判を生むことにもなった。しかし，最近は先にふれたような新しい検査の開発にともなって，子どもの特性の理解とそれに応じた指導方法の適用という，まさに個性重視の教育に利用できる道具として新たな発展をしつつある。特に通常学級にいる学習上の困難をもつ子どもや軽い障害をもつ子どもを理解し，それらを子どものなかにある問題としてだけ見るのではなく，指導法の問題として新たな観点から見るという利用が，今後ますます必要になってくるだろう。

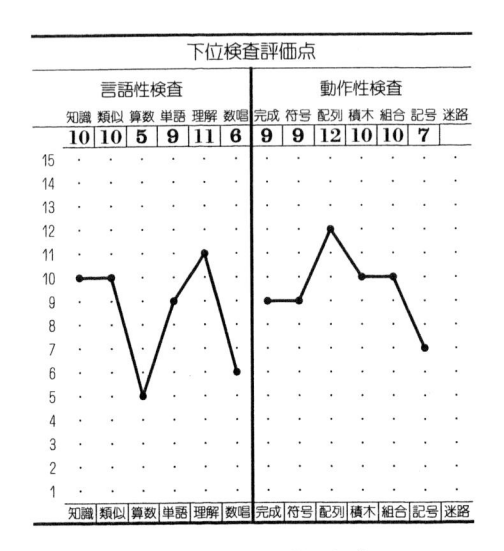

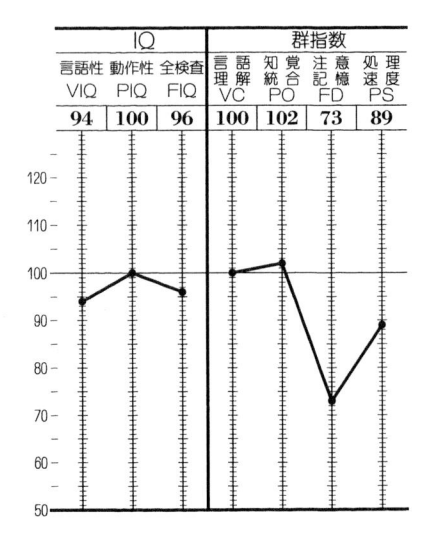

●図14.3　小4男児 WISC-Ⅲ知能検査プロフィール

　なかでも，約2〜3％存在しているといわれる学習障害をもつ子どもの理解にとって，知能検査は必須である。学習障害とは，全体的な知的な遅れはないにもかかわらず，情報処理能力の特性から，言語や読み書き，算数の学習が困難な障害である。彼らの全体的な知的水準の確認と情報処理能力の特性の理解は，学習障害の同定，指導方法の選択を導くものである（上野・中根，1996）。また，こうした観点は，実際に知能検査を実施することは少ないであろうが，通常学級にいるその他の子どもたちの個性の理解や指導方法の工夫にも連続するものである。図14.3は算数につまずいている小4男児のWISC-Ⅲ知能検査の結果である。注意記憶能力が低いために九九の暗記ができておらず，計算のしくみはわかっているのに，掛け算，割り算の学習が困難になっていると理解できた。彼には九九の暗記を強要しないような，たとえば九九表を参照できるようにした計算の指導が必要である。

## 4. 知性を測定する他の検査

### (1) 発達検査

　乳幼児の知性は未分化で，運動，認知，言語，社会性など全体的な発達の姿と切り離せないため，その理解のためには発達検査が使われる。現在主に利用されている検査には，MCCベビーテスト（古賀ほか，1967），津守式乳幼児精神発達診断法（津

守ほか，1961)，K式発達検査（生沢ほか，1985）などがある。乳幼児に直接課題を行わせるものと，養育者から子どもの様子を聞き取って判断するものとがある。結果は全体的な発達の水準を表す発達指数（DQ）や各領域のプロフィールとして表される。中・重度の遅れのある場合を除くと，乳幼児期の発達検査の結果と後の知能検査の結果との相関は低い。知能検査で測定するものとは必ずしも一致しておらず，また発達による変化が大きいためである。

　障害の可能性を早期に発見したり，未分化で可塑性の高い乳幼児期の能力をとらえて，全体的な発達を援助していくための手がかりを得るために利用されている。

(2) 学力検査

　学力検査は，算数，国語など教科ごとに文部科学省の学習指導要領によって示されている教育目標を子どもがどのくらい達成したかということを見る検査である。アチーブメント・テストともいう。知能検査は将来の知的な達成の可能性を予測する基本的能力を測定するのに対し，学力検査は教科に関する能力の現在の達成の程度を測定している。

　標準学力検査は，学習指導要領にそって学年別に作成された，基準を統一し標準化した検査である。学校間の学力水準の比較や教育課程の評価，個人の集団のなかでの相対的学力水準の評価に使われることが多い。結果は，集団のなかでの成績の相対的な評価の値である学力偏差値で表して利用される。これはともすると学力を固定的にとらえ，あたかも子どもの能力水準そのものであるという誤解を生じることがある。あくまでのその時点での学習（あるいは指導）の相対的な結果を表しているものにすぎない。また，知能検査の結果と学力検査の結果を比べて知能にみあった学力の習得ができているか否かを判断することもある（松原，1995）。知識・理解，思考力・判断力，技能，意欲・関心・態度などの下位領域を設定した観点別の標準学力検査や学習の到達度を見るタイプのものは，指導と関連させることもできるだろう。

　しかし，より直接的に子どもが学習したものを評価し，また教師の指導法の適切さを評価するものは，指導の過程に即した教師作成の学力テストということになるだろう。学力検査は，教育的な働きかけの成果を評価し，次の段階の指導目標や指導方法を改善するものとして効果的に使いたい。

# 15 人格の理解

## 1. 相手を理解することと自分を理解すること

　相手を理解しようとするとき，その人が何をしたいのか，何をしようとしているのか，その人の身になって，素朴に理解しようとすることが何より重要である。われわれは，そうした姿勢をもちながら，自分なりに人を理解する枠組みを作り上げ，その枠組みにもとづいて，相手への理解を深めようとする（これを，潜在的［暗黙の］人格理論 implicit personality theory という）。しかしながら，相手についての情報は，日常の限られた場面のものに過ぎず，その人の生活のすべてではない。しかも，相手との関係に影響されるものである。親の前ではいい子にしていても，自分より弱い子をいじめたり，権威的な先生にはいつも反抗ばかりしている生徒が，仲間にはやさしかったりすることはよくあることである。相手を理解しようとすることは，自分を理解することにもつながり，その人らしさ，自分らしさに気づくことでもある。では，「～らしさ」とは何なのだろうか。自分なりの人への理解を深めるために，心理学的な見方について考えてみよう。

## 2. 人格の理解

　心理学では，人格（パーソナリティ），性格，気質，態度，役割などの概念がある。これらの関係を簡単に表したものが，図15.1である。円の一番内側が，生得的に（遺伝的に）規定された性質を示し，外側の円になるほど経験による影響が大きいと考えていい。人格は，パーソナリティと訳されるが，パーソナリティの語源は，ラテン語のペルソナ（persona）であり，劇などに使う仮面を意味していた。そこから転じて，劇のなかで俳優が演じる「役割」や俳優自身を表すようになり，人がそれぞれもっている考え方や感じ方，行動などの特徴を表すようになった。これとは別に性格（character）は，もともとギリシャ語で「道標，刻む」という意味があり，はじめから刻み込まれたもの，つまり，もって生まれた性質という意味合いが強く，後の学習

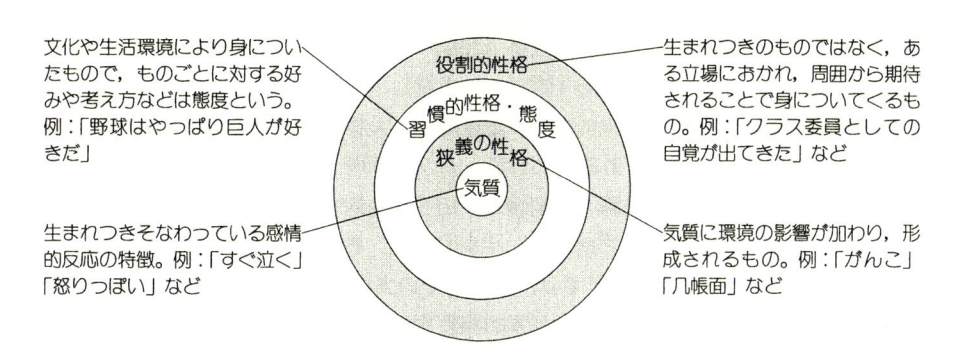

文化や生活環境により身につい
たもので，ものごとに対する好
みや考え方などは態度という。
例：「野球はやっぱり巨人が好
きだ」

役割的性格
習慣的性格・態度
狭義の性格
気質

生まれつきのものではなく，あ
る立場におかれ，周囲から期待
されることで身についてくるも
の。例：「クラス委員としての
自覚が出てきた」など

生まれつきそなわっている感情
的反応の特徴。例：「すぐ泣く」
「怒りっぽい」など

気質に環境の影響が加わり，形
成されるもの。例：「がんこ」
「几帳面」など

●図15.1　人格（パーソナリティ）の構造

や経験によって変化しにくいものと考えられている。人格と性格は，ほとんど同義と
して用いられるが，区別する場合，語源的な意味を理解し，人格は社会的に演じられ
る役割，社会的な適応という意味まで含み，性格は人格の下位概念として情意的意志
的側面を強調し，知能は含まず，静態的な意味が強い。パーソナリティは，日本語に
は人格に「人格者」などの価値が含まれやすいので，それをさけて表現したいときに
用いることが多い。ここでは，性格，気質などの上位概念として社会的な適応全般ま
で含み，「その人を特徴づける行動や思考を決定するもの」を「人格[1]」として表現
することにする。以後人格理解の視点としての人格理論，人格理解の道具としての人
格検査について述べることにしよう。

## 3. 人格理論

　人格を理解するときに，ある特定の時間における個人差を見る静態論の立場と時間
的な経過のなかでいかに人格が変化するかを見る動態論の立場がある。前者は，その
人格を変化しない安定したものと見るのに対し，後者は人格が主としてその生育環境
によっていかに変化するかを強調する。

### (1) 静態論：特性論と類型論
　同じく特定の時間空間枠での人格を理解する立場でも，その人格を構成している特

---

（1）　人格は知能を含むものであるが，すでに前章にて紹介されており，ここでは，ふれない。また，同
　　様に知能検査は人格検査とは別に扱う。

性を問題とする立場と全体としての人格（類型）を問題とする立場がある。特性論は，行動の一貫性，永続性（通状況的一貫性）を重視し，統計学など科学的な方法論を用い，法則定立的な立場に立つのに対し，類型論は，人格を一定の型にあてはめて理解しようとする相違がある。それぞれの特徴と長所，短所，代表的な理論についてまとめたのが表15.1である。特性論と類型論は，相互補完的に作用するものであり，たとえば，特性論において複数のプロフィールを記述し，そのタイプにもとづいて類型化することが多い（図15.3）。近年では，それまでの人格理論を因子分析による統計的な解析をすることによって，5つの基本的特性次元に階層化されることが明らかになった。これをビッグ・ファイブ（Big Five）説と呼ぶ。個々の名称には研究者間に相違が見られるものの，その内容については，一致した解釈が可能であり，①内向性－外向性，②分離性－愛着性，③自然性－統制性，④非情動性－情動性，⑤現実性－遊戯性（辻ら，1997）などがあげられる。

## (2) 動態論

**①力動論**　代表的なものとしてフロイトの精神分析があり，そこでは，人格の構造を，本能的な欲求をあらわすイド（ido），社会的な規範，良心を表す超自我（super-ego），さまざまな防衛機制を用いて両者の調整をする自我（ego）によるものと仮定し，これらが，発達的な視点と合わさって，自己や重要な他者の内的な表象や現実との関係を通して，意識，無意識の心の働きを記述する。ユングの分析心理学，アドラーの個

● 表15.1　類型論と特性論

|  | 特徴 | 長所 | 短所 | 代表的なもの |
|---|---|---|---|---|
| 類型論 | 一定の基準にもとづいて人格をいくつかの型（タイプ）に分類し，理解しようとするもの。 | 論理的に統一され，典型が明示されているので，人格の全体的な把握がしやすい。 | 中間型や混合型が無視される傾向があり，人格を画一化してしまい，他の面を見落としたり，固定したものとして力動性を軽視しがちとなる。 | ・クレッチマー「体格と気質」（図15.2）<br>・ユング「外向型－内向型」<br>・シュプランガー「価値による6類型」 |
| 特性論 | 人格をいくつかの特性に分け，それらの特性の程度によって人格の全体像を記述するもの。 | 統計的な処理がしやすく，客観的であるので他の研究との比較もしやすい。 | 独自性が見逃されやすい。得られる情報が断片的で表面的である。 | ・オルポート「個別特性・共通特性」<br>・キャッテル「表面特性・根源特性」<br>・アイゼンク「階層構造説」 |

人格の理解

| 体格 | 気質 | 気質の特徴 | | |
|---|---|---|---|---|
| 肥満型 | 躁うつ気質 | 基本的特徴<br>社交的，親切<br>友情に厚い<br>温かみがある | 軽躁性<br>明朗，活発<br>ユーモアがある<br>激しやすい | 抑うつ性<br>静か，<br>落ち着いている<br>丁重，柔和 |
| 細長型 | 分裂気質 | 基本的特徴<br>非社交的<br>静か，用心深い<br>きまじめ<br>変わっている | 敏感性<br>敏感，臆病，恥ずかしがり屋，神経質<br>興奮しやすい<br>自然や書籍に親しむ | 鈍感性<br>鈍感，従順<br>お人好し<br>温和<br>無関心 |
| 筋骨型 | 粘着気質 | 基本的特徴<br>硬い，几帳面<br>物事に熱中する<br>秩序を好む | 粘着性<br>丁寧すぎるほど丁寧<br>いんぎん<br>まわりくどい | 爆発性<br>興奮すると夢中になる<br>激しやすい |

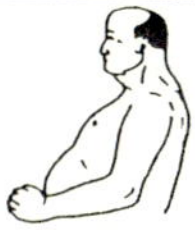

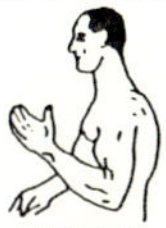

●図15.2　クレッチマーの体格と気質の3類型（藤田ら，1992より）

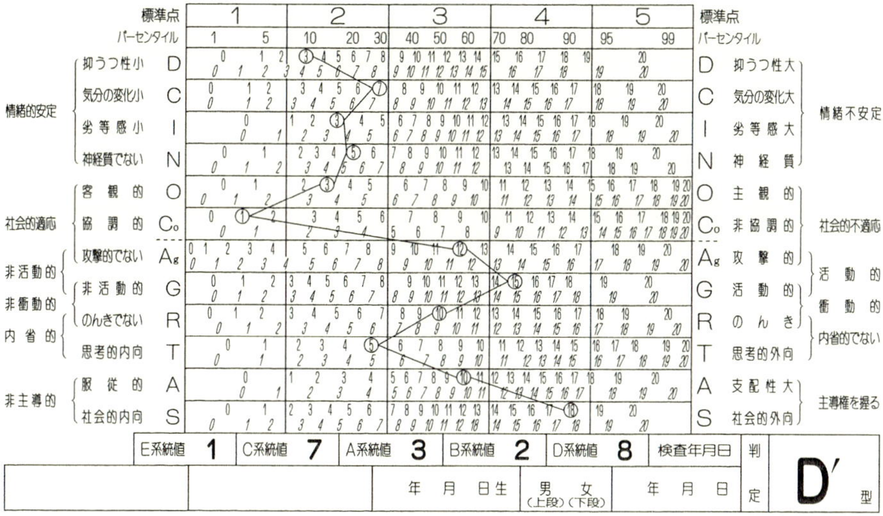

●図15.3　YG性格検査プロフィール（竹井機器工業）

E系統値 1　C系統値 7　A系統値 3　B系統値 2　D系統値 8

判定　D'型

人心理学にも影響を与え，精神分析は，自我心理学，対象関係論へと発展している。

❷**人間学派，現象学派による人格理論**　既存の理論的枠組みにとらわれず，内的経験[2]にもとづく，ありのままの自己をとらえようとする立場である。さまざまな立場があるが，共通する枠組みとしては，(a)多様な側面の把握（全体性），(b)内的経験という個人的主観的経験の重視，(c)「その人らしさ」（独自性）の尊重，(d)自己実現を図る（成長性）ものとして，時間的な経過の重視ということがあげられる。これらは，人格を独自のものとしてその全体像を多面的にとらえる個性記述的なアプローチである。理解を深めるには，実践的な訓練と経験が必要である。ロジャーズの人間中心理論，ジェンドリンの体験過程（experiencing），ケリーの個人的構成概念（personal constructs）は代表的なものである。

❸**状況-行動論（相互作用論）**　人間が実際に行う行動は状況によってさまざまに変動するものであり，状況に対する認知や行動の仕方に個人差があると考えるものである。人間の行動に影響を与えるのは物理的，客観的状況ではなく，個人に認知された主観的状況であり，同一状況を異なる意味をもつ状況として認知する個人の認知構造を人格としてとらえる考え方である。それは，人によって異なる状況-行動関係のパターンを特定し，それらの相互作用を重視する視点といえる。バンデューラの社会的学習理論もこうした視点の影響を受け，自己効力感などの認知的変数を重視し，個人と環境と行動が相互に影響を及ぼしあう相互決定主義による社会的認知理論へと変化している。

## 4. 人格検査

われわれは，前述した視点により，人格理解を試みるが，理解を深めるために，それぞれの視点に応じたさまざまな道具を用いて情報を集める。ここでは，人格理解の道具としての人格検査について考えよう。人格検査は，その方法から，観察法，面接法，評定法，検査法などがある。それぞれ数多くの技法があるので目的に応じた活用が必要であり，各検査が測定している側面，理論構成，長所，短所を十分に理解しておくことが求められる。

---

(2) 人の行動と意識を含むすべての個人的主観的な経験のことであり，人間の直接的経験である。この経験の主体を自我（みつめる自分）といい，その客体（みつめられた自分）を自己という。人格は，自我を統合の中核とし，自己を含む世界との関わりあいのなかで絶えず変化，変容していく体系ととらえることもできる。

(1) 観察法
　日常の自然な状況で見られる行動をそのまま記録する方法であり，自然な状況で全体像がとらえられる反面，得られる情報が断片的で，観察しようとする行動が必ずしも生起せず，時間的，状況的な制約を受けたり，観察者の主観的な判断の影響を受けやすい短所がある。

(2) 面接法
　直接本人と対面して情報を得る方法であり，言葉の内容だけでなく，話し方，表情や身振り，服装などの非言語的な手がかりからも情報が得られる。しかしながら，面接者の技量による差が大きい。

(3) 評定法
　観察や面接の結果を一定の尺度上に位置づけるものである。

(4) 検査法
　質問紙法，作業検査法，投影法に分けることができる。
①**質問紙法**　いくつかの質問項目に対して，本人あるいは本人をよく知っている人に答えてもらい，結果を数量化し，人格を評定するものである。長所は，応用範囲が広く，実施，結果の処理が簡単であり，短時間に多数の資料が得られることである。短所は，自己評価にもとづく回答の場合，社会的望ましさのような反応歪曲が生じたり，被験者によって質問の受けとり方が違ってしまう場合があることである。ミネソタ多面人格目録（MMPI）やエゴ・グラムのように虚偽尺度や妥当性・信頼性尺度を設けているものもある。代表的な検査としては，これらの他にYG性格検査（前掲図15.3），モーズレイ人格検査（MPI）などがある。
②**作業検査法**　一定の条件の下で行われた作業の経過を観察し，検査態度，作業量，作業量の変動から検査時の精神状態などを把握し，その結果を分析する方法である。質問紙法に比べて意識的に答えを歪めたり，検査の意図を推測することが困難なので無意図的な情報を得ることができる。一度に多数の者に施行ができるので入社試験などの適性試験に用いられることが多い。代表的なものとしては，単純連続加算作業を行う内田クレペリン精神検査が有名である。
③**投影法**　比較的曖昧な絵や図形，文章などの刺激に対する自由な反応から，人格を把握する方法である。曖昧で多義的なものに接すると，人は自分の経験や知識，欲求や感情などによって対処しようとする。対象が曖昧で多義的なほど，その人独自の心

的機能が反映されやすいと考えられる。人格の多様な側面の情報が得られる可能性があるが，得られた結果の処理や分析にはかなりの訓練と経験が必要である。代表的な検査は，絵を見て，何に見えるか答えるロールシャッハ・テスト，人物などの多義的な絵を見て物語を作らせる主題統覚検査（Thematic Apperception Test），欲求不満への対処の仕方を測定しようとするPFスタディ（Picture Frustration Test），不完全な文章を自由に補わせるSCT（文章完成法：Sentence Completion Test），また，絵を描く描画法がある。描画法には，人物を描くDAP（Draw a Person），家と木と人を描くHTP（House Tree Person），実のなる木を描くバウム・テスト（Baum Test），家族画，一定の手順で風景を描く風景構成法などがある。

---

**YG性格検査（谷田部・ギルフォード性格検査）**……ギルフォードらは，統計学の因子分析の手法を用いて，質問項目同志の相関が高く，それらの項目からつくった尺度と一つひとつの項目とが高い相関をもつという条件（内的整合性）のもとに1934年から1949年の間に3つの質問紙を作成した。谷田部，園原，辻岡はこれらの研究をもとに，抑うつ性，回帰性，劣等感など12の尺度を設け，項目分析を行い，各尺度10項目合計120項目からなる検査を作成した。すべての人に共通の特性であっても，その強度が異なれば，いくつかの特性尺度の組み合わせにより，性格の差異を示すことができるとするものである。ただ，虚構性尺度などがないため，反応が社会的望ましさに影響されたり，意識的歪曲を受ける可能性がある。

**MMPI（Minnesota Multiphasic Personality Inventory：ミネソタ多面人格目録の略称）**……人格特性，興味，態度，適性などを示す項目によって構成されており，ミネソタ大学でミネソタ州民を母集団として作られた質問紙法によるパーソナリティ検査である。人格特徴を多種多様な角度から把握でき，質問紙の欠点を補う方策が用意されている。精神病的兆候をとらえることを目的に，主に精神医学的問診にもとづき項目を選定し，健常者と精神科入院中の患者との比較において両群を明瞭に区別する心気症尺度，抑うつ症尺度等，10の臨床尺度と妥当性や虚構性を把握する4つの妥当性尺度にもとづく550の項目からなる。日本版は，1963年に刊行され，再標準化が1993年になされている。

**エゴ・グラム**……交流分析(Transactional Analysis)では，人間の心を「親の自分（Parent：P）」「大人の自分（Adult：A）」「子どもの自分（Child：C）」の3つの自我状態から構成されていると仮定する。Pは幼い時に親から教えられた態度や行動の部分であり，Aは事実にもとづいてものごとを判断する理性，Cは子どもの心の状態のように本能や感情そのままの部分である。（さらにPは，批判的な親［Critical Parent：CP］と養育的な親［Nurturing Parent：NP］，Cは自由な子ども［Free Child：FC］と適応した子ども［Adapted Child：AC］に分類され，合計5つの自我状態に構成される）。これらのバランスを数量化し，図示したものがエゴ・グラムである。考案者のデュセイは，直感的な判断のもとに，各自我状態の強さを棒グラフで示したが，客観性を欠くきらいがあり，質問紙法によるエゴグラムが開発された。代表的なものに杉田，岩井らのものや東大式のものがある。特に東大式は，多変量解析を用いて妥当性と信頼性の検討がなされている。

(5) 人格検査の実施上の留意点

　人格検査は，人格の特定の側面を浮き彫りにしたものであり，一つの技法で人格の全体像を明らかにするには無理がある。したがって，テスト・バッテリーとしていくつかの検査法を組み合わせて人格の諸側面を統合的に把握していくことを考える必要がある。また，検査を実施するにあたっては，結果を差別や序列化に用いてはならず，可能な限り，目的を被験者に説明し，了解を得ることが望ましい。被験者のプライバシーの問題に配慮することはもちろん，検査結果を本人，関係者に不用意に伝えてはならず，説明するもの（実施者）の影響力も理解しておかなければならない。

# *16* 社会的能力の理解

## 1. 社会的能力とは何か

　子どもは，多くの人たちとの交わりを通して，遊び，学びながら成長する。子どもが順調に成長するためには，いろんな人たちとの対人関係をうまくとりもつための社会的能力を獲得し，発達させることが重要である。

### (1) 社会的能力とは

　それでは，子どもたちの社会的能力とは何だろうか。まず第一に，子どもは自分のまわりの人たちとうまくやっていくためには，彼らがどんな性格の人であり，どんな考えをもっているのかを熟知しておくことが必要である。たとえば，両親や，友だちや，学級担任は，何でもきちんとしていないと気がすまないだろうか。いつもニコニコと，何でも受け止めてくれるだろうか。どんなことを重要だと考えているだろうか。こうしたことについて，十分に知っておく必要がある。そういう理解があってはじめて，他の人に適切に対応できるからである。

　第二に，自分と大人との間の関係だけでなく，友だちとの間の対人関係を正確に推測し理解する能力も求められる。すなわち，誰が自分と考え方が似ており，対人関係がうまくいくのかいかないのか，他の誰が自分とはまったく違う考え方であり，対人関係がうまくいくのかいかないのかをわかることが，子どもたちどうしの必要以上のトラブルを避け，うまく適応していくためには不可欠なことである。

　第三に，子どもどうし，あるいは子どもと大人の関係がうまくいくためには，道徳を含む社会的ルールを順守することが大事である。さらに，子どもどうしの関係でも大人との関係において，共通に守らなければならないルールや，対人関係によってはそんなに重視しなくてよいルールなどを見きわめることが，人間関係を形成し維持していくためには重要なことである。

　このように，社会的能力とは，対人関係をうまくやっていくために必要な正確な他者理解をしたり，対人関係を的確に予測したり，社会的ルール（道徳）を順守する力

のことである。これらの社会的能力を獲得し発達させていくことは重要なことであり，友だち関係を長く維持していくためにも必須の能力である。

(2) 社会的能力と社会的スキルの違い

では，社会的能力と社会的スキルにはどのような違いがあるのだろうか。簡単にいうと，社会的能力は目に見えず，いくつかの行動から類推されるものであるが，社会的スキルは目に見えるものであり，具体的な行動を指している。構造的にいえば，能力がまずはじめにあり，スキルは能力から派生する関係にある。

ある子どもが優れた社会的能力をもっていたとしても，その能力はその子どもの具体的な行動のレパートリーを通してしかわからない。いくつかの行動例から，その子どもが優れた対人的な能力をもっていると推測される類のものである。

他方，社会的スキルは，具体的な状況において，相手に適切に効果的に対応するために用いられる言語的，非言語的な対人行動である。こうしたスキルには，相手の心の状態を推測し理解するための感受性が必要である。この感受性には，個々人の対人行動の統合と統制，相手の行動の解読，社会的ルールに関する知識，感情統制などが含まれ，これらが対人行動の実行を可能にするといえる。

対人関係における社会的スキルの成否は，効果性と適切性の観点から判断できる。効果性とは対人目標が達成されたかどうか，相手との関係がよくなったかどうかなどをいう。また，適切性とは，対人目標の達成方法が当の場面にふさわしいかどうか，ということである。

子どもでも大人でも，社会的スキルの欠如は社会的スキルの適切なモデルに十分に接触するチャンスに恵まれなかったり，これらの社会的スキルを実践する機会がなかったり，不適切な社会的スキルを獲得してしまったことに起因している。彼らの具体的な対人関係に介入したり，適切な訓練を行うことによって，問題となる対人関係を改善することができる。

## 2. 社会的ルールの理解と社会的スキル

では，友だちとよい関係を維持している場合，子どもたちはどのようなルールや社会的スキルを用いているだろうか。その逆に，友だち関係が崩壊する場合，どのようなルールや社会的スキルを用いているだろうか。

今日の子どもたちが友だち関係をもてない主な理由に，遊びの多様化，遊び場所が一定していないこと，遊ぶ時間が一致しないこと，がある。なかでも，遊ぶ時間の違

いは大きな理由である。子どもは学校で親しくなって互いの家を行き来し，一緒に遊ぶなかで関係が深まる。しかし，彼らは塾や課外活動に多忙であり，遊び時間をうまくとれない。そこで電話で遊びの予約をし，一緒に遊べないと，長電話することで毎日のできごと，友だちや勉強のことについて情報を交換する。そうすることで情緒の交流も図っている。昔も今も子どもたちは，友だち関係をうまくやっていくために，コミュニケーション能力や社会的スキルを身につけておくことが重要であることに変わりはない。

●表16.1　友人関係のルール（アーガイルら，1992より）

**人間関係を維持するルール**
・必要に応じて自発的な援助をする
・友人のプライバシーを尊重する
・秘密を守る
・お互いに信頼する
・相手がいないとき，相手を弁護する
・人前でお互いに非難しない
・情緒的支えを与える

**報酬を交換するルール**
・よい知らせを共有する
・借りを返すように努める

❶**社会的ルール**　アーガイルとヘンダーソンは，人間関係を保つためのルールが大別して2つあると指摘している。一つは，人間関係を維持するルールである。すなわち，友だち関係をもちながら各自の目標を達成するためにその関係を壊すような言動をとらないことに関するルールである。もう一つは，報酬を交換するルールである。つまり，友だち関係を続けようとする動機を高めるために互いによい知らせを共有したり，精神的な支えとなるようなことに関するルールである。表16.1に，それぞれのルールに属する具体例を示した。

❷**社会的スキル**　次に，これを社会的スキルの面から見ると，子どもは，友だちとの遊び・活動への参加の仕方や友だちの話を認めたり支持したりする方法，争いの適切な処理の仕方，友だちとうまくやるための感受性や機転の働かせ方を身につけるようになる。

アーガイルらによれば，友だちをうまく作れる子には次のような特徴が見られる。①友だちを公に批判したり悪口や嫌がらせをしたりせず，信頼し支持している。②友だちに肯定的な関心を示し，成功への情報を分かちあい，自発的に援助したり，感情的な援助をする。また，互いの気持ちや悩みをうちあけたり，互いの秘密を守り，プライバシーを尊重している。③バースディカードやプレゼントを贈り，一緒にいるときには楽しくなるように努め，互いの友人にあまり干渉せず，寛大に取り扱う。

友だちの多い子どもは，これらのルールを友だちとそうでない人におのずと使いわけている。友だちにはこれらのルールを守ったり，スキルを用いたりしている。しかし，そうでない人たちにはこれらのルールを必ずしも守ったり，スキルを用いたりしているわけではない。おのずと違いが出てくる。

一方，友だち関係が崩壊する場合には，表16.2に示すようなルールが多く使われる。

●表16.2　友人関係のルールと友人関係の崩壊（アーガイルら，1992より）

| ルール | 友人関係の崩壊にある程度または非常に重要 | 友人関係の崩壊にほとんど重要でない |
|---|---|---|
| 相手の人間関係に嫉妬したり批判する | 57% | 22% |
| 相手の秘密を他の人に話す | 56 | 19 |
| 必要に応じて自発的な援助をしない | 44 | 23 |
| 相手を信用しない | 44 | 22 |
| 相手を人前で非難する | 44 | 21 |
| 相手に積極的関心を示さない | 42 | 34 |
| 相手がいないとき相手の立場に立って話をしない | 39 | 28 |
| 情緒的支えにならない | 37 | 25 |
| 小言を言う | 30 | 25 |

すなわち，相手の人間関係に嫉妬したり批判する，相手の秘密を他の人に話す，必要に応じて自発的な援助をしない，相手を信用しない，相手を人前で非難する，など友だち関係を悪化させたり，友だち関係を続ける動機を低めるような社会的ルールの使用が見られる。スキルの面から見ると，他の子どもを無視したり，あざ笑ったり，協力を拒んだりすると，友だち関係がうまくいかず，嫌われることになる。

## 3．社会的能力の把握法

### (1)　対人理解の把握

　子どもが他の人をどのように理解しているかを，どうやって知ることができるだろうか。自由記述法を用いた例と，個人情報の処理の違いから対人理解の仕方を見る例を，次に紹介しよう。

　村山（1977）は，小学1年〜中学1年生までを対象として自分の好きな人，あまり好きでない人に関して自由記述させた。その結果，年齢が高いほど，多くのステートメントが記述され，内的特性・人格特性の使用が多いことがわかった。内的特性についてのステートメントの割合は，小学1，4，中学1年生の順に，それぞれ33，61，84％と増えた。対人理解は，他の人の外的行動から判断しやすいが，真にその人を理解するためには，行動の基底となっている動機や意図などの内的特性を知ることが必要である。

　個人についての情報を処理するとき，入力情報が多かったり必要とする判断が多い場合に，どのような処理が行われているだろうか。そのような処理には，カテゴリー依存型処理とピースミール処理がある。前者は，無意識的に認知的倹約が働き，特定

の個人の特徴情報について形成されている対人スキーマと一致させて処理を行う。他方，後者はカテゴリーと一致しない個人の特徴情報に注目して処理を行う。たとえば，Aさんが「患者思いでてきぱき仕事をこなすベテラン看護婦」であるという高いカテゴリー情報を事前にもっていると，その後のAさんに関する下位の情報処理は「ベテラン看護婦」というカテゴリー依存的処理がされやすい。しかし，Aさんの別の顔が「有名な登山家」でもあるということがわかると，Aさんに関する下位の情報は個々に行われるピースミール処理がなされやすい。ふつう，対人理解の情報処理にはこれらの処理が二重に行われている（山本，1998）。

### (2) 対人関係の把握

子どもどうしの対人関係を把握する方法として，モレノによって開発されたソシオメトリー（sociometry）がある。これは，質問紙調査（「あなたと友だちは誰ですか」「あなたは誰と一緒の班になりたいですか」など）を行うことで，子どもの日頃の対人関係の理解をするものである。これ以外には，2人，3人を単位とした対人関係の補充法がある。自分と現実の他の人（あるいは架空の人でもよい），あるいは現実の他の人どうし（あるいは，架空の人どうし）の対人関係を推測させることで，どのような対人関係を望んでいるのか，対人関係の推測がどの程度正確であるのかを調べることができる。自分から現実の他の人（あるいは架空の人）への選好（好意・非好意）関係を述べさせたり，また逆に，他者から自分への好意・非好意の関係を推測させたりすることで，対人関係の均衡化へと向かう力を検証しようとする方法である。

### (3) 社会的ルール（道徳）理解の把握

コールバーグやセルマンたちは，役割取得が道徳判断の発達の必要条件であると仮定して，子どもたちにジレンマを含む対人交渉場面を示し，それをどのように解決するかのプロセスから，その発達段階を測定している。また，アーガイルらは大学生を対象として，友人関係において何をすべきで，何をすべきでないのかを質問紙法を用いて問い，彼らの用いている社会的ルールを見いだしている。この方法は小学生や中学生，高校生を対象としても有効である。

## 4. 社会性の促進

社会的ルールや社会的スキルの獲得は，よい友人関係の形成をもたらし，社会性を促進することが明らかにされている。他者へのポジティブな行動として向社会的行動

(prosocial behavior) がある。この行動は，他者の福祉や正義が大切であるとする価値観が内面化されたもので，他者に利益をもたらす自発的な行動全体を指す。いわゆる道徳性の発達と対応するものである。このなかには，愛他的行動 (altruistic behavior)，援助行動 (helping behavior)，分与行動などの行動がある。

> **愛他的行動**……他者の利益のために外的報酬を期待することなく，自発的意図的になされる行動のことをいう。つまり，愛他性に動機づけられ「外的報酬を期待することなく」実行された向社会的行動ということになる。向社会的行動は，他者に利益をもたらす自発的行動全般を指す。愛他的行動には，他者に対する寛容，同情の表現，援助や寄付，社会的な不公平や不平等の是正などを含んでいる。

愛他的行動の発達は，①2歳くらいまでに養育者との間に情緒的つながりを通して共感性が活性化される。②6歳くらいまでに共感性により喚起される愛他的動機が発達する。この動機により愛他的行動が生じる。だが，この年齢段階では自己犠牲のような高次の愛他的行動はまだ生じない。③子どもたちは10歳くらいになると，互いに援助しあったり助けあったりするといった互恵性や社会的責任などの愛他的規範認知を学習する。それによって，愛他的行動が内面化し，高次の行動へと発達する。しかし，援助行動は，必ずしも年齢との間に直線的な関係が得られていない。

それでは，よい友人関係をもてない場合，子どもたちは学級にうまく適応できず，社会性の発達が充分に促進されない。以下で，対人関係の改善法について述べる。

●表16.3　子どもの社会的スキル・トレーニングで用いられる代表的な社会的スキル（佐藤，1996より）

**主張性スキル**（バッド，ベッカーら，ミチェルソンら）
・相手にして欲しいことをリクエストする
・自分の感情や意見を率直に表現する
・不合理な要求を断る

**社会的問題解決スキル**（ポープら，ネズら）
・問題に気づく
・沈思黙考する
・目標を決める
・可能な解決策をできるだけ多く案出する

**友情形成スキル**（バッド，ポープら，マトソンとオレンディック）
・相手の話を聞く（相手の話を遮らない，相手の話を理解していること，相手の話に関心をもっていることを表現する）
・質問をする
・相手を賞賛，承認する
・遊びや活動に誘う
・仲間のグループにスムーズに加わる

## (1) 社会的スキル訓練

友だちづくりや友人関係改善に関する社会的スキル訓練としては，表16.3に示したようなものがあり，学級や遊びなどの自然場面を用いて行われている。

訓練に当たっては，まず，対象児の課題となる社会的スキルにどんなものがあるかについての診断と理解が必要である。ついで，どのような社会的スキルが不足しているかについて訓練者が共通の理解に達したのち，訓練者や仲間からのサポートについて話しあわれる。

> **ロール・プレイ（役割演技）**……ある役割を演ずることであり，自発性や創造性を駆使しながら実験的・探索的に行動することを意味する。モレノは，人間関係の治療や診断を目的として役割演技を中心とした心理劇と呼ばれる集団療法の一つを考案した。心理劇では，役割演技を行ったり，相互作用の相手と役割を交替して演ずることにより，新たな自他の発見をしたり，カタルシスがとれたりする。

訓練方法としては，仲間媒介法やコーチング法が開発されている。仲間媒介法とは，対人関係にすぐれている子が一緒に遊んだりして不足している社会的スキルを援助したり，モデルになるというやり方である。コーチング法とは，よいモデルなどを参考にしてロール・プレイさせたり，教師がフィードバックを与えたりしてアドバイスするというやり方である。

## (2) アサーション・トレーニング

ウォルピとラザラス（1966）によると，アサーション（assertion）とは，「さわやかな自己表現」であって，自分の考えや気持ちを正直に率直に，きちんと自分にも相手にも適切に表現することであり，アサーション・トレーニングとは，そのようなスキルの獲得のための訓練である。

われわれは，日頃，40人という多人数からなる学級の対人関係において，自分の要求や気持ちを侵害するような他の人の行動に対して，ついつい自分の要求や気持ちを抑え，自己抑制しがちである。それによって，フラストレーションやストレスが高まり，さまざまな問題行動や不適応行動をきたしてしまう。これらを除去するねらいがアサーション・トレーニングにある。

基礎的なアサーション・トレーニングとして，次のような方法が考えられる。①まず，参加者に誰とどんな場面でのアサーションをやりたいか，目標を明確にさせる。②次に，参加者は他の参加者の協力を得ながらロール・プレイを行う。具体的には，参加者は各参加者を相手役にして，これまでの自分がとってみなかったふるまい（言動）を試みる。参加者ができるところまでロール・プレイさせ，無理に強要はしない。観察者（さらに別の参加者）は，プレーヤーのよかったところを述べる。プレーヤー

が満足したらロールプレイを終了する。これを各参加者ごとに繰り返す。
　アサーション・トレーニングは，次の人の場合に有効であることが明らかにされている。

**①自分の言いたいことを言えない人**　このような人は，相手の意見に流されたり，自分を押し殺している人，気配りや相手を立てることばかりしてきた人などである。人の目を気にして，人前では自分の意見を自信をもって話せない人。

**②自己中心的な人**　自分の意見を相手に押しつけてしまう人，他の人の意見を素直に受け取れない人，自分の思い通りにものごとを進めようとしている人など。

**③引込み思案な人**　気やすく自分も楽しみ，相手も楽しませることができない人，人とつき合ううえで，どんなことに気をつければよいのかわからない人。

　よりよい対人関係をもつためにもアサーション・トレーニングは大切である。

# 4部
# 子どもの理解と支援の手だて

17　適応と不適応
18　自分の感じ方と他者の見方
19　個別的理解と大数的理解
20　子どもへのさまざまな支援

# 17 適応と不適応

## 1. 適応とは何か

　自分を取り巻く環境や状況と調和しながら生きていくことは，すべての生き物にとって必要不可欠である。人が環境の要請に応えながら，内からの欲求・要求にも対応しつつ，どちらもそこそこ生かして，なお葛藤や不安をさほど経験せずにやっていくことを「適応」という。両方がうまく調和するとき，私たちが抱える負担は最も少なく，自己効力感が得られて精神的健康が維持されやすい。反対に調和が損なわれると，私たちは不全感や不安，不満足感を抱いたり，否定的な評価が周囲から与えられたりする。結果として私たちの内面に，意識的・無意識的に適応状態を求める傾向が生まれる。

　適応とよく似た意味の言葉に「順応」がある。暗闇に目が馴れてしだいに物が見えるようになったり，高所で暮らす人々の呼吸機能がだんだん強靭になるなど，個体が周囲の状態にあわせて生理的調整をしたり，環境に適った変異が生き延びて繁栄するという進化論的な変化が順応であるが，適応は，そこから発展して分化した概念である。順応に比べると，適応は，①生理学的，生物学的変化というより，文化的，学習的側面を重視している，②個体が変化するだけでなく，個体からの働きかけを受けて環境も変わるという両方向の変化を想定している，という違いがある。そして，価値的にニュートラルな言葉というより，生体にとって望ましいことだという意味が付与されて用いられる場合が多い。

## 2. 事例から見た適応

①帰国子女のR子の場合　R子は，7歳で父親の海外赴任について一家で渡米し，その後，アメリカ国内の3ヵ所で数年ずつを過ごしてきた。中学2年生になり，すっかりアメリカ人に溶け込んで暮らしていたところ，父親に突然帰国命令が下り，友人との別れもそこそこに帰国することになった。若干対人緊張のある繊細なR子だったが，

アメリカでは転居のたびに日本文化を紹介し、それがきっかけになって友人を作ることができた。帰国後に編入した中学でも、求められるままにアメリカでの暮らしぶりを紹介し、本場仕込みの英語を聞かせてというリクエストにも照れながら応えたところ、拍手喝采を浴びた。ところ変わっても、同じようなことが喜ばれるのだと得心したという。ところが、何かがおかしいとR子が周囲の様子を窺い始めた頃には、ときすでに遅く、彼女は、生意気で鼻持ちならない外国かぶれだと一部から揶揄されるようになっていた。靴が隠されたり、机に落書きされたりしたが、犯人はわからない。友好的な笑顔の下から誹謗中傷が飛び出してくるように感じられ、友人とそうでない人との区別ができない。R子は「皆が仮面をかぶっているよう、裏では誰もが自分をあざ笑っているのではないか。日本人は誰も信用できない、アメリカに帰りたい」と強く訴え始め、1年後には、不登校生徒の一人に数えあげられるようになってしまった。

❷エリクソンの事例「サム」の場合　5歳のサムは、医学的検査では何の異常も見当たらないが、しばしばてんかん様の発作を起こすという理由で、エリクソンのところに紹介されてきた子どもだった。彼の発作が祖母の死の直後に始まっていたことから、エリクソンは両者の関連について分析を進めた。それに加えて、この数年にサム一家が経験した生活上の変化がサムに大きな影響を与えたと指摘している。つまり、ユダヤ人である彼ら一家は、第二次世界大戦時の世界情勢下でアメリカへの移住を余儀なくされ、当初はニューヨークの下町に移り住んだが、その後経済的成功を収めるようになって郊外の高級住宅街に転居していた。この一連の変化のなかで、戦闘的で先制攻撃を加えることができる機敏さが、家族からも他のユダヤ人からも生き延びる手段として大いに評価された環境から一転、新しい地で商売を成功させるために、機敏さよりは、温厚さ、心やさしさ、人のよさなどが周囲から求められるようになったわけだが、それが5歳のサムにとっては不適応症状を現すほど大きなストレスだったのだろうと論じた。

## 3. 違いや逸脱に対する許容度

　適応について考える際に重要な視点の一つは、その集団が違いに対してどれほど寛容であるか、どの程度の許容度をもっているかということである。
　先に述べた2つの事例は、集団の文化や人々の価値観によって、そこでの適応像がいろいろ変化する可能性を示している。ある集団では環境と和していた人が、所属集団が変わると異質性が前面に出て環境との調和を大きく損なうとすれば、その状態を

不適応と呼んで個体の心的能力だけを問題視・欠陥視するのは，はたして適切であろうか。近藤（1994）は，不適応や情緒的問題を個人の欠陥に由来すると考えるのでなく，個人の行動様式と彼（彼女）が属する集団が期待する行動様式との間の「不適合（ミスマッチング）」ととらえ，集団が是認する行動様式の多様化が適応の範囲を広げる可能性について論じた。

　家族や地域社会，あるいは学校，会社組織など，あらゆる集団（システム）が掲げる理想や価値観は，知らず知らずのうちに人々のものの見方，考え方を方向づけている。そして，集団にとって「適切で」「望ましく」「大切な」資質によって特徴づけられた光の領域と，その対極にあたる「不適切で」「歓迎されず」「忌み嫌われがちな」影の領域を作り上げる。両者が相補的な関わりをもち続けるか，あるいは多様な価値観を認めてさまざまな色調の光が方々から集団を照らすなら，集団は影の部分も含めて一つのまとまりでいられる。ところが，極端な理想の追求や価値観の絶対視が始まると，（光が輝くほど闇もまた深くなるように）人々は影を忌み嫌い，少しでも異なるものをもつ個人や自らの異質性を厳しく排斥するようになる。結果として，違いに対する許容度の低い，柔軟性を欠いた閉鎖的集団ができあがり，異なる行動様式を大問題，致命的な逸脱とみなす悪循環が生じる。

　たとえば神経症の人が，このくらいできなければだめだ，こんな考えを抱いてはいけないと強く思えば思うほどうまくいかず，考えも払拭できなくなる悪循環に陥るなど，自らを縛りにかけて症状の悪化を招く場合がある。厳格な親や教師が子どもの問題を厳しく諫（いさ）めれば諫めるほど，子どもが反抗心を募らせて集団から飛び出してしまうことがある。堅い信頼やきずなで結ばれたクラス集団になじめない子どもは，まとまりの悪いばらばらなクラスの周辺人よりはるかに大きな心理的負担を抱える，などが格好の例だろう。違いを尊重し，異質性に心を開いて寛容になろうという方向が，国際教育や人権理解などの領域で論じられ始めている。

　さらにまた，適度な逸脱が息ぬきになって，適応が促進される場合もある。大いに羽目を外して騒いだ後，すっきりした気持ちで日々のルーティーンワークに戻っていくという例，ハレの日の行事に心から興じることでそれ以外の変化の少ない日々を堅実に過ごすことができる，などがその一例である。逸脱が適応に役立つためには，両者の差が明確に存在し，なおかつ，両方を行き来する道が社会に認められていることが必要である。現代のように日常と非日常の差がますます不鮮明となり，薬物や暴力など，危険へのアクセスだけが容易になった社会のなかでは，逸脱から適応への貢献ルートを守ることがなかなか困難になってきている。

## 4. 適応機制

外界の刺激がもたらした不安や緊張に対処し，不快が少ない適応状態を意識的・無意識的に保つ傾向や心的機能を適応機制という。不快感や不安感など，自我に対する脅威を回避するための心のしくみとも考えられる。精神療法の父と呼ばれるフロイトが，彼の患者たちが通常の状態ではすっかり忘れていた不快なできごとを，催眠状態下で思い出したという事実から注目したメカニズムで，不快さや脅威の面を重視したフロイトは，これを防衛機制と命名した。そして，ハルトマン，アンナ・フロイトらの自我心理学の時代に入り，不安を対処可能な形に加工するという自我の健康さや機能に焦点が向かい適応機制と呼ばれるようになった。一般に，両者はほとんど重なると理解してよい。

この機制には，不安や不満を内面に抱え込まず外に向けて発散するタイプの「攻撃的適応機制」，社会的対人的に閉じこもったり，一時的な退行状態に陥るなどの「逃避的適応機制」，そして，抑圧や投影，知性化など，いわゆる狭義の防衛機制を用いる「防衛的適応機制」の3種類がある（表17.1）。

> **反動形成**……自分が受け入れがたい考えや感情を無意識のうちに抑圧するばかりでなく，さらにそれを補強するため，抑圧された衝動と正反対の傾向や態度を身につけること。「慇懃無礼」の背後に「敵意」が隠れているなど。
>
> **隔離**……一つのまとまった思考や情動が切り離され，まとまりを構成するつながりを失ってばらばらに存在すること。たとえば，一人の人物に愛情と敵意の両方を感じるのが危険なとき，愛情を意識して，敵意は他の人に向かうなど。
>
> **昇華**……性欲求や攻撃欲求をそのまま満足させてしまうのでなく，さらに社会的に価値のあるもの，周囲から肯定的な評価を受ける活動に代えて表現すること。他者への攻撃性を勉学への意欲や知識欲に高めるなど。

## 5. 不適応または適応障害について

不適応を個人の欠陥とだけ理解する危険性について前述したが，その一方で，不適

●表17.1　適応機制の一覧

| | |
|---|---|
| **攻撃的適応機制** | 乱暴する，うそをつく，盗みをするなど。 |
| **逃避的適応機制** | 閉じこもる（無口になる，孤立する），退行する（依存する，泣く，甘える）など。 |
| **防衛的適応機制** | いわゆる防衛機制を用いる。（抑圧，反動形成，隔離，否認，取りいれ，同一視，知性化，合理づけ，投影，昇華など） |

応となった個人の精神衛生に対しては十分な配慮が示されなければならない。不適応の背後に何らかの精神病理や病的傾向が潜んでいる可能性も否めず，それらをミスマッチングと呼んで軽視していいはずはない。とりわけ発達初期の不適応に対しては早急に何らかの働きかけを行い，変容可能性や発達の可逆性が残っているうちに適応行動をうながすよう配慮しなければならない。健康か疾病かという軸について，つまり精神病理や異常心理学との関連から不適応を理解することの大切さについてふれておこう。

これは，適応異常や適応障害とも呼ばれる領域で，参考までに小学生によく現れる問題や症状を表17.2にあげておく。この領域の知見を深めるには，ぜひとも他の専門書にあたっていただきたい。正しい専門知識をもつことが何より望ましいが，一人がすべてをカバーできるはずはなく，教育に携わる者，臨床心理学の近接領域で働く者としては，危険を見逃さず，かといって不必要に関係者を脅かさず，不安な場合はしかるべき専門家に橋渡すように努めることが第一である。最終的判断を専門家に委ね，根拠のないレッテルを貼ることがないよう，また，見て見ぬふりに陥って時が経つのをいたずらに待つような事態も避けなければならない。症状や問題は，厄介な困った事態であると同時に，周囲に語りかける力の源泉である。不適応は，一段上の適応にいたるための一時的休息状態だという理解を一般に広めることが大切である。

竹内（1987）は，また，現場教師や親に気づかれにくい不適応として「いい子」や「適応過剰」の問題があると述べ，自分を犠牲にして周囲の期待に過度に合わせよう

●表17.2　心因性の精神および身体の適応障害として現れる表徴あるいは症状（佐藤，1992より）

| I | 身体反応の障害<br>Psychophysiologic (or Psychosomatic) disorders | 中枢神経系…………**頭痛**・偏頭痛・嘔気・失神発作<br>心臓循環器系………心悸亢進・頻脈・不整脈・心臓痛<br>呼吸器系……………呼吸困難・気管支ぜんそく・息止め発作<br>消化器系……………唾液分泌異常・空気嚥下（えんげ）・**神経性嘔吐・神経性下痢・腹痛・便設・遺糞症**<br>泌尿器系……………**神経性頻尿症**・夜尿症・尿閉<br>四肢および筋肉系…ヒステリー性運動まひ・（チック）・（吃音）<br>感覚器系……………ヒステリー性盲・ヒステリー性聾 |
|---|---|---|
| II | 神経性習癖<br>Neurotic habits | 睡眠障害……………不眠・夜驚・悪夢・夢中遊行<br>言語障害……………吃音・吶（とつ）・**緘黙（かんもく）**<br>食事障害……………食欲不振・偏食・拒食・異嗜症・多食<br>身体がんろう癖……指しゃぶり・爪かみ・自瀆・チック |
| III | 情緒・行動の障害<br>Behavior disorders | 情緒上………………神経質傾向・不安・恐怖・憤怒・しっと・反抗<br>　　　　　　　　　わがまま・**孤独・内気・無口・敏感・内向的** |
| | | 行動上………………癇癪・嘘言・**けんか癖**・残酷・盗癖・性的非行 |

とする子どもたちへの注意を喚起した。彼らが自分らしい適応を獲得するには，模範生のレッテルやいい子の殻を破るための「自分くずし」が不可欠だと論じている。後に重篤な精神的問題を抱えた人々の生育史をたどると，「育てやすい子どもだった」あるいは「優等生で問題がない」と幼少期に言われていた例が少なくない。真の意味でいい子であるには，どこかで適切な悪を体験していることが必要だという河合（1996）の指摘が大いに参考になる。

## 6. 反社会的不適応と非社会的不適応[1]

　最後に，子どもや青年が示す不適応の典型例として，長年相反する傾向と理解されてきた反社会的・非社会的不適応の分類軸について述べたい。

　つまずきが内面化せず，窃盗や傷害，暴力事件などの破壊的攻撃的行動として出てしまうものを反社会的不適応，ノイローゼや退却など，自分を責めるか内にため込むかするものを非社会的不適応と呼び，両者を区別してとらえることが従来の非行臨床のおおかたの共通理解であった。反社会的行動をとる者は，社会に対して何らかの訴えを抱えているのでそれに耳を傾けることが大切ともいわれた。ところが，両者が混然として容易に区別できなくなった。反社会的不適応がますます刹那的・衝動的になり，社会に対する反発を言葉で表現する者がいなくなったというのが最近の指摘である。

　たとえば，不登校気味で教室に入りづらそうだったり，帰宅後，数時間眠りほうけるほどの疲れを見せる生徒が，ズボンのすそを広げて髪を染め，ゲームセンターで小学生からお金を巻き上げたりする例がある。それでは怠学傾向による不登校かというとそうでもなく，定刻に登校するために一晩寝ずにがんばったり，制服のまま廊下に横たわって夜を過ごし，腹痛をこらえながら学校へ来るなど，相当な努力を重ねている姿が伝わってきたりする。学業の遅れがともない，反社会的グループのなかにしか居場所を見いだせない子どもたちの例も多い。問題が錯綜してわかりにくくなっているわけだが，現代の学校不適応が子どもに与える影響が，それほど全面的・全人格的で逃げ場がなく，反社会的・非社会的不適応の両方を示しながらもがいていると考えられるのではないか。

---

（1）　反社会的・非社会的行動については，小学生期のものに関しては本シリーズ第4巻3部の10章，11章を，中学・高校生期のものに関しては第5巻3部の11章，12章でより詳しく説明されている。

# 18 自分の感じ方と他者の見方

　教員の立場から児童・生徒たちに関わろうとする際には，彼らが自分自身をどのようにとらえているかに気を配ることが不可欠である。自分を肯定的に見ているのか，それとも否定的に感じているのか，そしてその自己評価が他者から見てどのくらい客観的なものといえるのか，といったことは，児童・生徒理解のためのみならず，彼らに適切なサポートを施していくためにも押さえておきたい点である。

　当然そのような自己評価は，児童・生徒が育ってきたプロセスのなかでのさまざまな経験にもとづいて形成されてきたものである。また周囲の者から表明される直接的・間接的な評価を取り入れつつできあがったものでもある。それだけに，児童・生徒を取り巻く周囲の者たちが彼・彼女のことをどのように見て，いかように評価しているのかということを考慮することも重要である。

　本章では，そのような児童・生徒の自己評価とこれに関わる種々の他者評価について，いくつかの観点から問題を提起してみよう。

## 1. 小学校における自己評価と他者評価

　小学校低学年・中学年においては，いまだ自我の芽生えといったことは生じておらず，自己意識は存在するものの，まだ自ら進んで自己をとらえ，考えようとする構えはできていない。それゆえ，彼らの自己評価のほとんどは，まず親が感じている親の目からの子どもへの見方・評価が，そのまま子どもに伝わって形成された部分が大きい。そこへ徐々に，生活のかなりの部分を占めることになる学校という社会での，他者（教師・同級生）からの評価が加わっていくことになる。

　学級集団において，たとえば学級委員，各種のクラス委員，班長，等の目に見えやすいかたちでの役割は，子どもが集団内において占めている地位を表している。学校場面においては，どうしても学業面優先で評価されるため，また担当教師の要請特性に合致している子どもが肯定的なフィードバックを受けることが多くなるため，小学校の中学年くらいまでは，大人（親・教師）の評価が，そのまま子どもたちが同級生

を見るまなざしにつながることも多い。そのため、子どもたちは、大人そして同級生からの評価にさらされる環境のなかで、徐々にそれらを自己評価として取り込んでいくことになる。子どもたちは自分が「この集団のなかでどのくらいの位置にいるのか」ということにかなり敏感なものである。子どもたちはすでに心のなかで彼らなりの基準にもとづいてクラス内での地位が「上か下か」の順位づけを行い、そのなかで自分や友人がどのくらいの位置にいるのかを感じ取っているものである。自分の位置を少しでも上げるために皆から一目置かれている者に近づきたくなったり、逆に低い位置にいる友人ならば安心できる、といったことが時に生じている。勉強ができる、スポーツができる、ユーモアがあって皆を笑わせる、といったことがこの年代の人気者の条件としてあり、非常にわかりやすいものではあるが、それだけに、その明解な基準における比較では優位に立ちにくい場合、子どもは肯定的に自己をとらえにくくなってしまう。

特に小学校段階では、週日、1つの学級のほぼ全時間を一人の教師が担任として関わることがほとんどであるため、その影響力には想像以上のものがある。学年の進級とともに担任が変わると、いきいきとしてくる子どももいれば急に目立たなくなる子どもも確かに存在する（近藤，1994）。あまりに教員の影響力を過剰に考えることは適切ではないが、教師としての自分が暗に陽に下している各種の評価が、子どもの行動や学習状況、ひいては自己評価にどのような連鎖を引き起こしているのかについて、ときおり振り返ってみることは必要である。

## 2. 思春期の友人関係のなかでの自己評価と他者評価

思春期が近づくにつれ、これまでのような大人の側からの評価にもとづいた位置づけから、やがて、仲間集団のなかでの評価にもとづいた独自の地位に身を置くようになる。

まず、小学校高学年頃のいわゆるギャング・エイジと呼ばれる年代では、友人グループに属していることが何よりも大事になってくる時期であり、いたずらや反抗的態度、自分たちの間でだけ通用する暗号等、大人の規範からはずれたあり方をあえて志向することも生じる。準拠集団としての友人グループにおいて、自分がどういった地位を占めるかということのほうが、教師や親から受ける評価よりも相対的に重要になってくるのである。

さらに、中学校や高校生段階になると、いわゆる若者文化・対抗文化をどの程度身につけているかで、同世代の仲間うちでの評価は異なってくる。非行はその過激な形

態での表れであるが，大人からみると一見不可思議な流行（たとえばソックスの形状や肌の過度な陽焼け，ピアス等のアクセサリー等）も，同世代のなかで所属意識をもって，かつ一定の評価を受けるためには必要不可欠な要素となってくる。彼らにとっては大事な自己呈示なのであり，時には本来の自分とは異なるあり方を演じている場合もあるが，所属する集団のなかでは適切な行為となっている。また生徒たちは，校則等で縛られているからこそ，自己を表現するきっかけとして，これらへの反発・反抗を示す場合もある。

このように同性の友人関係が何よりも大切な準拠対象となる思春期・青年期においては，適応の指標として友人自己（友人から見られていると思う自己の姿）と現実自己との一致度が母親自己，父親自己といった他の重要な他者から見られていると思う自己の姿を用いるよりも，より多くの有効な情報を提供すると考えられている。ありのままの自分を理解してもらえる程度にまで親密な関係を結べているか，自分をそのままに（演技的にふるまわずに）表明できているか，といったことが大切になってくるのである。友人関係が良好な者ほど自己評価が高くなる傾向があるという研究結果もあり，安心できる拠り所としての友人の存在は肯定的な自己像のためにも不可欠である。

## 3. 身体像にまつわる自己評価と他者評価

思春期においては，内面の問題のみならず，その身体が人からどのように見られていると思うかというボディ・イメージの観点も，自己評価・他者評価にとってはきわめて重要である。

この年代の子どもたちは，おしゃれに目覚めるとともに，しきりに鏡を覗き込み，自分がどのような外見をもった人間であり，他者からどのように映っているのかをしきりに気にするようになる。「身長が○cm以上でないから」「体重が○kgもあるから」「身体のどこそこが太すぎる（細すぎる）から」「髪質が気にいらない」等々，およそ身体のありとあらゆるところが否定的な自己像と結びつきかねないのである。他者からの何気ない（時に心ない）ひとことが，大きなダメージとして響いてしまうことがあり，特に異性からどのように映っているのか，異性に好かれるような自分であるのかどうか，ということが自己評価にきわめて大きな影響を及ぼすことになる。

また一般に女子のほうが他者からどう見られているかを，より気にする傾向が強いが，これは男子が女子を視覚的な特徴（外見・雰囲気等）で評価しがちであることと無縁ではない。伝統的な性役割にもとづく「女性らしさ」を保持した自分でありた

い・見られたいという気持ちと，キャリアを積んで社会的にも評価されたいという気持ちとのはざまで，思春期以降の女子は大きな困難を背負うことになりがちである。

また，恋愛体験の有無や進度が，同世代のなかでは大きな関心事となり，自己評価・他者評価にも大きく関わってくることになる。早熟なものがどこか尊敬のまなざしを向けられたり，経験のない（遅い）者が引け目を感じ，あたかも経験があるかのごとく振る舞ったり，といったことはしばしば目にすることである。

## 4. 自分へのまなざし──自己像の形成と自己評価

思春期・青年期は，さまざまな役割実験を通して，自分のあり方を問いながら，やがてアイデンティティの確立をめざして，心理的な発達が進んでいく発達段階と考えられる。その途上で，自我の発達とともに自己の内面に向かってまなざしが開かれていき，また他者からいかに見られているかということに敏感になってくる年代でもある。

最も自己像の形成に寄与するのは，これまでにもふれてきた通り，他者との交流によってである。自己の考えや感情を表出し，またその他者への関わり方に対して，フィードバックを受けることで，自分の姿・イメージに気づいていくことになる。よくこの世代の者が日記や手記などに自分の想いをしたためるのも，自分との対話を通じて，自分を確かめ，作り上げていく作用を果たしている。同様に，世間的に流行する歌・詩・小説といったもの（昨今ではコミックやテレビドラマなど）に感情移入して自分を語ろうとするのも，まだ揺れ動く自己像の卑近なモデルを求めているとも考えられる。またパソコン通信やＥメールなどのメディアで自己表現することによって，かつての交換日記のように，自己像形成に寄与している側面も生じつつある。

一方，自分へのまなざしが深まってくるということは，自身の弱さや暗さ，あるいは矛盾，嫌な部分等々にも気づかざるをえないということでもある。そういった現実を見つめることはつらく恐いことである。そのため，時には万能感のなかにあえて居座り，夢物語にしか思えないような非現実的な世界に浸ることもあれば，強烈な自己否定とのはざまでの心の揺れ動きを経験することになり，大人からみれば「そんなさいなことで…」と思われるようなことでも，生死に関わるかのごとく深刻に受け止めることも生じる。

また「こうありたい」という理想の自己像との対比も生じ，当然，それに対して至らない自分の姿を感ぜざるをえないことになる。多くの青少年がひどく劣等感に陥ることがあるのも，理想像とのギャップに苛まされるためともいえる。クライエント中

心療法による面接の効果研究では，現実自己（自分が思う現在の自己の姿）と理想自己（自分が最もなりたいと思う自己の姿）の一致度が高くなることが示されている（Rogers & Dymond, 1954）が，理想自己と現実自己とは必ずしも一致するものでないし，一致しすぎている場合にはかえって何がしかの心理的な問題が伺える場合もある。むしろ適度に開きがあるほうが通常であり，その開きが青少年の向上心につながると考えてよいだろう。

中学生・高校生は，自分という存在の独自性に気づきつつあるのだが，まだそのことを十分に表明する術をもたず，また独自性があるとしてもどれほど確固たるものであるのかというとはなはだ心許ない。彼らは他人に理解されたいと強く願いつつ，一方で自己のなかに秘密を抱え込む傾向もある。それゆえ容易に孤独感に浸ることにもなりやすい。また他者からのまなざしを過度に気にしてしまう場合もある。この年代から対人関係に過度に思いわずらったりさらには対人恐怖的な心性がしばしば生じるようになるのも，このような背景ゆえと考えられる。

自尊感情等を比較すると，思春期の年代が何かにつけ自己否定的になりがちであるという調査結果や臨床的な所見がしばしば見られるという事実には大いに注意を払う必要があろう。一般には，毎日の学校生活に適応して，日々充実感を感じている者ほど自尊感情は高くなる。高校受験や大学受験に向けての進路指導が学業成績（偏差値）中心で行われていくたびに，自らの可能性が閉ざされていくように感じて否定的な自己像を形成しかねない状況や，不登校やいじめなどの不適応状況に陥っている子どもたちが概して自己否定，自己嫌悪に傾き過ぎてしまう傾向があること等に鑑み，自尊感情を回復させるために，いかにあるがままの生徒個人の存在を周囲が受け止めていけるかを考慮していきたいものである。

## 5. 自己評価と他者評価──教師の位置づけと配慮

子どもたち，特に中学生・高校生段階の生徒たちが求める自己のあり方や価値観と，教師が子どもたちに求めるあり方やよかれと思う価値観には，世代差や立場ゆえにいかんともしがたい相違が生じている。同様に社会が向ける子どもたちへのまなざしは，どうしても「今どきの若者は…」という嘆きにも似た否定的なニュアンスを含んだものになりがちである。そのため教師は，成績面でも生活指導面でも減点法的に指摘して，注意を与えていく傾向がある。

教師としては，価値観のズレ・相違を認めつつ，いかにほどよい距離感をもって彼らと接していけるかが大切になる。たとえば生徒の抱える困難に気づく立場や状況に

いても（それが生徒サポートのための出発点であるが），生徒からは援助を求める対象として選ばれないこともある。それに耐え，そして生徒の内面や彼らの抱える困難に安易に踏み込みすぎず，そのうえで監視ではなく，生徒がどこかで見守られている・信じてもらえていると感じられるような接し方と距離感が教師に求められているのである。

　そして，自己表出の機会を学校教育の場でしばしば設けるために，授業中において，あるいは学級活動や課外活動，等さまざまな場面での配慮が求められる。どの科目のどんな場面で，このクラスは，あるいはそれぞれの生徒は活性化するのかを見守るまなざしをもちたい。そのうえで，それぞれの生徒が自分の考えや気持ちを語ることができ，同世代の交流を活発化させるような（正課と課外活動を組み合わせつつの）教育プログラムの工夫もあっていいだろう。児童・生徒が感受性を高めること，そしてその感じていることをいかに表現していくか，特に言語化できるようになるか，という点は大切である。

　最終的に教師に求められることは，個別性への気づきと尊重ということである。もし児童・生徒が，学業を中心としたかなり一元的な評価基準で自らを計ってしまったならば，トップにある者のみしか自己を肯定的にとらえられなくなってしまう。あるいは自分よりも低い位置にいると思われる者との対比で自己を慰めるしかなくなってしまうだろう。教師もまたそうであったように，どのような自分であっても，そこに至るまでの道程は独自のものであり，自分なりの価値観を形成していくべく，苦闘を続けてきたはずである。児童・生徒がそういった自分を受容していけるように関わることは，カウンセリングがめざす方向性とほとんどそのまま重なることである。しかし本来，人間の成長を見守ろうとする教育の立場にいる者の関わりであれば，むしろ重なって当然であるとも思える。そして，児童・生徒たちがお互いに異質性を尊びながらの友人関係・対人関係を結ぶことによって，肯定的な自己評価・他者評価を形成していくプロセスを支えていきたいものである。

# 19 個別的理解と大数的理解

　1クラス数十人もの子どもを担当すると，集団指導に目を奪われて，ともすれば「森を見て木を見ない」ことになってしまう。しかし，一人ひとりの子どもに深く目を向ければ，今度は「木を見て森を見ない」ことになりかねない。集団としての基準に照らし合わせて子どもの成長を理解する視点と，一人ひとりの状態に目を向け寄り添う視点とは，必ずしも一致するわけではない。子どもを理解するためにはさまざまな手がかりを必要とするが，簡単に一つの視点だけで理解することは難しい。ここでは，まずいくつかの視点をまとめながら，それを複眼的に統合する理解の仕方を考えてみたい。

## 1.「普通の子ども」と大数的理解

　特にはっきりした原因もないのに子どもが学校に来れなくなると，関係者の間では「それまでは普通の子だったんですけどねえ」などと話されることがある。教育現場で慣例的に「普通」と表現されるのは，特に心配な点がないというときや，あるいは取り立てて目立つ特徴がないというときなどだろうか。そもそも，何気なく自明のこととして使われている「普通」という表現には次のような意味がある。

### (1) 統計的平均域としての普通
　身長や体重などの属性は，非常に多くのデータを測定すると，ある一定の平均域に値が集まり，その値から離れれば離れるほどケース数が少なくなる。したがって，統計的な意味では，多くの人が取りうる数値，度合いの範囲内におさまっていることを「普通」ということができる。学校教育では，学力，運動能力，身体発達などの点で，発達状態が「普通」という意味で用いることはできる。また，人間の性格についても，ある種の心理テストなどでは，いくつかの性格特性について統計的な標準域が設けられていて，逸脱の度合いを数量的に示すことができる。ただし，人間の性格は非常に多くの特性が複雑に組み合わされたものであり，いくつかの特性だけから安易にその

人全体を判断することはできない。また、標準から逸脱している部分こそがその人のもつ大事な個性である場合もある。したがって、どの特性・属性について標準だといえるのか、そして標準から逸脱したところからは何がわかるか、全体の情報を総合しながら判断しなければならない。子どもの教育に携わるうえでは、発達にともなう心身の質的・量的変化の基準や年齢相応の発達課題などの知識を身につけることが必要である。

## (2) 常識・規範に合致するものとしての普通

こういうときにはこうするものだ、こういうときはこうしてはいけない、という基準は、どんな社会にもある。その社会の常識通りに振る舞っているかどうか、ということがここでの普通という意味になるだろう。たとえば、子どもは学校に行くのが当たり前である今の日本では、登校できていればとりあえず「普通」であり、登校していない子は「不登校児・生徒」として少なからず特別視される。実際には、心理的なひずみや精神症状をひそかに抱えて登校を続ける「普通」の子もいれば、登校していないことを除けばきわめて自分らしく充実した毎日を送っている「不登校」の子もいるのだが。

また、ある社会では常識であることが、他の社会では通用しないこともあるし、時代によっても常識は変化する。常識という枠にとらわれないところに、その子の潜在的可能性が芽を出していることも多い。子どもの頃は大人の手を焼かせた問題児が、大成していく話も枚挙にいとまがない。

常識を身につけていることは成熟度の一つの指標ともなるが、その反面、常識に固くとらわれ、世間の目を気にしながら萎縮して生きているような状態は、心の健康を蝕んでいるおそれがある。自らの意志で常識という規範に服従・順応しないことを選んだのであれば、それはその人の健康度を示すものであるかもしれない。より正確にいえば、常識を知っていることと、常識通りに振る舞うこととは必ずしも一致するわけではなく、行動の面だけから問題がないという意味で普通か否かを判断することには実は慎重でなくてはならない。

「普通」に代表されるようなこうしたものごとの基準や標準を知ることは、現象（現在の状態）を理解するための一つの照合枠を与えてくれる。こうしたアプローチを大数的理解と呼ぶことができる。たとえば、前述のように、はっきりした理由もないのになぜか学校に来ない生徒がいるときなど、「怠けているだけだ」「いや、疲れたのだろう」など親や教師の間ではさまざまな憶測が飛びかう。このようなとき、「不

登校」という用語を用いることで関係者間での共通理解につながり，いたずらな憶測で動揺を招かずにすむことがある。文部省が提唱した不登校の態様分類（1988）には，「学校生活に起因する型」「あそび・非行型」「無気力型」「不安など情緒的混乱の型」「意図的な拒否の型」などのカテゴリーが見られる。そのいずれかに分類することができれば，ある程度その子の状態が想像され，対応を考えやすくなることもあるだろう。また，そのような分類を用いて，その学校やその地域，あるいは日本全体でどのような傾向があるのか，という大規模な範囲の比較検討も容易になり，全体としての対策を講じることも可能になる。

他にも，「自閉症」「精神発達遅滞」「学習障害」などの用語は教育場面でよく出会うものだが，これらは医療的な診断にも通じる用語である。こうした知識をもち，的確な判断を下すことは，決してただラベル貼りをするだけではなく，関係スタッフ間で関わり方の方針や共通理解につながるもので，きわめて重要なことである。

教育現場でも，教科や学級の指導には，子どもの発達をふまえた大数的理解が不可欠である。カリキュラムや学習課題とその年齢の子どもたちの標準的な心理的，身体的能力・状態とは密接に結びついている。また，生徒指導や教育相談には，子どもの問題行動を理解するための，不適応行動に至るメカニズムや，基本的な精神症状に関する知識が不可欠であろう。

## 2. 個別的理解と物語

さて，こうした大数的枠組みから理解することも必要だが，そこに頼りすぎると，「不登校のA君」や「自閉症のB君」だけで片づけられてしまうおそれがある。一般的な知識で理解される部分とは別に，やはり育ってきた環境も性格も違うのだから，他の「不登校のC君」や「自閉症のD君」とは異なる部分もあるだろう。他ならぬその人に目を向け，理解しようとするのが，個別的理解というアプローチである。

小学4年から中学卒業まで不登校をしていた堂野博之さんは，著書のなかで不登校時代の自分の体験を語っている。「私は普通のいい子のはずでした。それが学校を休みだして，いつごろからか，母親をクソババァと呼び，なぐり，蹴り，障子やふすまを破り，部屋のなかにつばを吐くようになったのです」　そして，その頃の心境を何篇もの詩に表現している（堂野，1998）。

　　　「先生あのね　学校休むとね　すごい悪いことしてる　気がしてね　追いかけられ
　　　てる犯人みたいな　気がしてね　電話がなってもね　郵便屋さんが来てもね　ふと

んの中でじっと　息を殺して隠れてるの　だからね　あんまり追いかけないでね　だめかな…」
「クラスのみんながむかえにきた　もお　おねがいだから　ちょっとまってよ　おねがいだから　ごめん　ほんとに　おねがいだから　かえってください　おねがい　おねがい」
「学校行けなくて苦しい　学校行きたくなくて苦しい　学校行って苦しい　学校に来た私を見て　よかったよかった　先生なにがよかったの　父さんなにがよかったの　母さんなにがよかったの」

　一般的な不登校の態様分類では理解しきれない，堂野さんの生々しい体験が伝わってくるようである。
　何らかの問題行動に対処するときには，その問題を大数的に理解するだけでなく，その子どもが生きている広い文脈のなかでその問題の意味を吟味し，個別の事情やその子にとっての必然に目を向けなくてはならない。個別的理解のためには，まずはこちら側の価値観や評価をしばし脇において，その子がどんな言葉で何を言っているのか，どのように行動しているのか，余計な意味づけをせずにそのままのかたちで受け止めたい。そのうえで，次のような情報を統合的に組み合わせて考えることが必要である。
①生育歴と家庭環境　家族構成，生活リズムや体調も含めた生活の様子，住居や経済的な状況，家族や友人との関係，など。
②認知能力・身体能力の特徴　同年の他の子どもと比べて，どんな得手不得手をもっているか。積極性，要領のよしあし，不器用さ，衝動性，落ちつきのなさ，種々の癖，周囲の状況を正確に把握しているか，ストレスにどう反応するか，など。
③問題となっていることがあれば，その内容とその時の状況　どんなときに，誰といて，何をしているとき，どういうきっかけで何が起きて，どういう展開となり，その後どうなったか。何回かあるとすれば，状況に共通する点はあるか，など。
④自分のことをどう思っているか　自分の性格や能力，容姿などをその子自身はどう見ているか。自信や自己評価はどのようであるか，など，他者から見た客観的な評価ではなく，その子自身が自分のことをどう思っているか。
　こうした情報は，日常生活での態度，行動，様子などをよく観察することで，その多くは得られるものである。また，本人に尋ねるときには，ただやみくもに質問しても，まるで尋問を受けているようで，かえって不信感を招いてしまう。自分とその子との関係を考えて，どういうことまでなら聞けそうか，どんな聞き方をしたら答えて

くれそうか，ということを，話しているときの様子も見ながら，配慮して聞かなければならない。

そうして得られるさまざまな情報を個別的理解につなげるには，その子にとってこの環境がどのように体験されているか，ということに想像力を働かせてみるとよい。精神科医の土居（1992）は，診察のときに話を聞きながら，情報を自分の頭のなかで時間的に配列し直して，人物やことがらが時間的経過を追ってまとまった物語（story）になるように話を聞くことを勧めている。個別的理解でも，いわばその子の「物語」を読むつもりで，舞台はどんなところで，登場人物はどんな人たちで，主人公のものの考え方や感じ方はどのようであるか，という視点で情報を整理していくことができる。そうしていると，小説を読むうちに知らず知らず主人公の体験に引き込まれていくように，その子が生きてきた過去，現在の生活，そして未来の可能性もが，生々しくこちらに体験されてくるものである。ここでいう「物語」とは，決して現実をドラマチックに脚色したり，過度に同情を誘うようにこちら側が悲劇や美談を作り上げたものではない。どんな子どもでも，一人ひとりにそれぞれの生活があり，新聞沙汰になるほどの大事件ではなくても，嫌な思いをすることもあれば，ちょっと嬉しくなることもあったり，自分なりにここ一番と思うこともあったりして，それぞれの生活がその人にとっての物語なのである。個別的理解で大事なことは，ただやみくもに情報を集め，客観的な状況調査をしてこちらが判断を下すことではなく，そうした状況がその子にとってどんな意味をもつのか，ということを考え続けることであり，その子のなかで生きられている物語にふれようとするやわらかな寄り添い方を心がけることである。

## 3. 現実のなかでの平衡感覚

最後に，もう一つの「普通」を考えておきたい。私たちは，お互いに同じ世界を共有し，同じものを見たら，相手にも同じように見えているだろう，という暗黙の前提をもっている。そして，同じ体験をしているのだから，「普通は」こう理解し，こう反応するだろう，という基準をいつの間にか自分のなかに作っている。自分の感じ方，考え方が多くの人にも共通する「普通」であるという先入観である。成績優秀，スポーツ万能のA君は，外目には何の理由も見あたらないまま，突然不登校になった。家庭にも学校にも特に問題はなく，周囲の大人から見れば，いわば「普通」の環境である。しかし，彼の体験している世界を聞いてみると，自分が自転車で人とすれ違ったときに，知らぬ間にぶつかってケガをさせているのではないか，と一晩中気になっ

てしまうことや，自分が指先をケガしたことで，クラスの他の人たちに何かの菌がうつってしまうのではないか，という心配が頭から離れなくなってしまうことなどを語ってくれた。多くの人が普通に過ごせるであろう環境のなかで，強迫症状に悩まされ，常に不安にさいなまれている状態がA君の体験世界であった。その後，彼の目線での不安や体験にできるだけ寄り添いつつ，同時に現実は普通であり続けていることも確認しあうなかで，いつしかA君は学校に復帰していった。

　専門的に子どもへの援助を行うには，そこで起きていることを先入観や色眼鏡なしにありのまま正確に記述し，そして当事者であるその子の視点で情報を再統合することが求められる。だが，一切の社会的常識を捨てて自分の気持ちだけを尊重されても，かえって子どもは不安に感じてしまう。個別的理解と同時に，大数的理解につながるような現実的な基準と大人としての成熟した視点を頭のどこかで常にもち続けていることも，その場に安定感をもたらすことになる。どちらかのアプローチに偏りすぎることなく，常に複眼的な視点で多軸的に現象を理解しようとする平衡感覚を身につけたいものである。

# 20 子どもへのさまざまな支援

　子どもたちは，多くの人々の関心と援助を受けながら成長し，情報化・国際化社会の日本のなかで，より完成された地球人となっていく。この子どもの成長と教育に関心をもち，支援する主たる組織は，家族，地域社会，専門機関の3種類である。かつては，家族と地域社会で自然なかたちで支援されていた子どもたちは，複雑化する社会にあって，その支援の多くを専門機関に依存している。この章では，3つの組織が子どもの成長と教育に果たしている役割をまとめ，非専門的日常的生活の重要性と，専門機関の支援の現状を報告する。また，今後の教師が果たすべき支援について学校心理学的立場から解説し，3巻以降へのより専門的教職科目への橋渡しとしたい。

## 1．家庭が支えるもの

### (1) 安心できる拠り所の成立

　主として乳児期に形成される親子関係が良好なものであれば，子どもは，自分について，また人生についての肯定的な考え方を身につけ，両親や家庭を安心して頼れるものとして認知する。子どもはこの家庭で愛着対象を得，心と体の栄養とエネルギーを蓄えて，友だちや学校などの外界との関係に立ち向かう。文化，科学，芸術といった未知の世界にも挑戦する。そして，疲れたり，傷ついたりしたら，家庭に戻り，傷をいやし，休養し，再び元気に外界に出ていく。その子どもの帰りを温かく迎え，その日の子どもの話を聞いてくれる，安心できる場所があることが子どもの成長にとって何よりも必要である。しかし，この信頼関係が形成されないだけでなく，児童虐待などの悲惨な事例も最近よく報告されている。育児を母性にだけ任せるのではなく，父性の育児への参加や地域のなかで育児するといった発想が要請されている。また，母性を保護するための支援施策も模索されている。

### (2) 基本的生活習慣の習得

　子どもとの情緒的信頼関係をもとに親は子どもに社会生活に必要な種々のことを学

習させる。それは，朝起きて歯を磨いて食事をするという毎日の生活リズムであったり，食事作法や挨拶の仕方であったり，感情のコントロールの仕方であったりする。これらは，賞罰をともなうしつけというかたちで行われることが多いが，親の行動を真似るモデリングによることも予想外に多い。このしつけを行う過程では，親に代表される社会的要請と子どもの個人的な欲求のぶつかりあいが生じ，これを両者がどう妥協し，解決するかが，問題となる。かっては，身近に多数の子どもや育児経験者がいたために実態に即したしつけの情報が得られやすかったが，育児についての多様な考え方が併存するなかで，しつけの仕方，個人差現象についての助言や精神的安定等も，書物と行政機関からしか得られにくいという現状がある。乳幼児などをもった親たちどうしの自発的な地域での活動のサポートが要請される。

(3) 価値基準の獲得

　価値や生活形態が多様化している現代では，自分の価値基準や生活設計を行うことが難しい。親子関係が良好で，保護者が社会的にも評価されている場合には，子どもは同性の親をモデルとし，また，異性の親を伴侶のモデルとして考える傾向がある。しかし，現実は大きく変わりつつある。多様な人生や職業に子どもが接触する機会を与え，柔軟に人生設計を想定する機会を提供する，あるいはそれらを模索する自由を与えることが保護者に期待される。しかし，これを多くの家庭に期待することは現実的には難しく，子どもや親は学校教育機関等にそれを依存することが多くなっている。より広い世界を見聞できるような，子ども向けの多様な体験的学習機会の提供を，学校教育機関に任せるだけでなく，地域活動のなかで行うことが期待されている。

(4) 依存・同一視の対象としての第三者

　世の中には，必ずしも最適な家庭環境では育たない子どもも多い。彼らは，自分たちの拠り所，自分たちの見本となる人や集団を求める。子どもたちは私たちが思っている以上にたくましい存在である。あるときは祖父母に，またあるときは保育士に，そして教師や友人や恋人に自分の拠り所を求め，それを糧に必ずしも最適でなかった環境を克服し，健康に育とうと努力する。もしも，そのような拠り所を求めている子どもと遭遇したら，自分のできる範囲で無理をしないで温かく受け入れることがまず必要になってくる。子どもは自然に自立していく。必要に応じて，学校教育内で支援できる場合もあるし，行政措置をともなう福祉施設での専門的な支援も考えられうる。

## 2. 地域が支えるもの

### (1) ギャング集団の衰退

　何人かでその辺を徘徊したり，遊んだり，いたずらをしたりする集団をギャング集団という。彼らは自分たちなりのきまりと構成メンバーや秘密のアジト，共有財産さえもったのである。残念ながら，典型的な児童期のギャング集団は社会の監視の強化と時間的余裕のなさから本来のかたちは消え，暇なときに一緒に遊ぶというかたちでのみ現在残っている。代わりに大学生になった青年期後期の若者が，サークルなどを作り，ギャング集団・若者宿を追経験している。もっと前に達成すべき発達課題を遂行しているのである。社会教育の一環として行われている児童青年向けの行政的支援を，真に地域住民・子どもを主人公とした活動に変更していくべきであろう。また，これらの地域での子どもの活動に学校も側面的援助をすることが求められている。

### (2) 社会的スキルの獲得

　子どもたち主体の集団には，それを組織するリーダーが必要であり，それに従うフォロアーも必要である。そこでは，自己主張と合意が必須であり，自分勝手なことをすれば，厳しくつまはじきされる。途中から遊びに入るにも抜けるにも，遊びを変えるよう主張するにも工夫がいる。当然悪いことも学ぶが，その許容範囲も学ぶのである。これらは本来子どもの自治活動であるが，子どもたちの行動を遠くから温かく見守り，求められたら支援していく経験豊かな大人が必要である。

### (3) 性役割の獲得

　ある時期の子どもたちは，同性集団で行動することが多い。そこでは，年長者から多くのことを学ぶ。その多くは社会的スキルであるが，特に重要なのは，自分の属する性に応じた行動の仕方である。現在は，多くの集団的経験が性別役割行動の学習よりも，本来その後に展開されるはずの異性との協調が重視される傾向にある。望ましい共生にとって児童期にどのような経験が重要なのかは，性別行動の垣根が低くなっていることとも関連して，今後議論されるべきテーマであろう。

### (4) 自然発生的集団の限界

　もちろん，子どもたちの，あるいは若者の集団が常に人間の人格形成にとって最適な環境というわけではない。自発的集団が特定の人物に支配されたり，少数意見や社

会的弱者への配慮がなされず，対立や村八分が生じることもある。しかし，それを乗り越える力は外部から安易に与えられるものではなく，その集団自体が作り上げていくことが大切であろう。多くの子ども関係団体のリーダーたちが悩むのは，大人の関与の仕方とタイミングである。

(5) 危機的な地域活動
　現在では地域の多様な人たちと接触し，ともに楽しむということはきわめて少なくなっている。各種の福祉施設や教育施設が完備したために，子どもたちは，起きている大半の時間をそれら大人の配慮された空間で過ごす。他の家族と接触するのも，地域子供会などのように，保護者たちが設定した場であることが多い。それでは安全第一で，子どもたちの自発的活動は行われにくい。子どもたちは企画者ではなく，大切なお客様なのである。かっては多くあった親族間での交流も，個人主義傾向と生活スタイルのずれのために，少なくなっている。もちろん，TVやゲームといった，時間を費やす楽しい便利なメディアができた影響も大きく，この傾向は先進諸国に共通となりつつある。日常的な子どもたちの地域での活動の復興が急務である。そのために，学校や地域は何を行い，何をあきらめなくてはならないであろうか。

## 3. 専門機関からの支援

(1) 医療機関および保健行政機関
①**胎児期**　妊娠に気づいた後，持続的支援を受けるのは，産婦人科などの医療機関および保健所，市町村保健センターなどの保健行政機関からである。妊婦の健康状態，妊娠中の母体の生化学的経過，胎児の状態などのチェックをしつつ，母性の啓発を行う。いつ胎動があったかなど，胎児への関心を高めるとともに，どのような生活を行えばいいか，どう出産に備えるかを指導する。注意すべき症状についての知識と対処も教示する。これらは原則として個別に行われるが，両親学級や育児学級などでの各種の指導・助言も行われ，母性の輪を広げようとしている。
②**乳児期**　出産後も母子の健康に注意を払う。特に，母体と新生児に身体的・生理学的に異常がないかのチェックを行い，その後，順調な母子関係が成立するように細やかな注意を行う。フェニールケトン尿症，ガラクトース血症などの先天性代謝異常等のチェックも生後1週間以内になされる。生後1週間，1ヶ月，3ヶ月，6ヶ月，9ヶ月，1歳，1歳半と健康診査が行われ，身体の順調な成長と種々の行動や個性の発現に注意を払う。母親の不安や疑問に応えつつ，より適切な育児行動を引き出すため

である。異常らしきものが発見されたときには，症状に応じた対処を行う。その間，予防接種も行い，将来の疾病にも備える。

**③幼児期**　3歳時に健康診査がなされる。母親には，標準的な成長と行動出現の情報を与え，順調な発達に関心をもつように注意する。その後就学児健診までに空白期間があり，問題も多く発生しているので，幼児期の健康診査の充実が期待される。

このように，子どもの順調な成長を願う保護者にとっては，医療機関はきわめて信頼のおける頼りがいのある存在である。小学校入学後は，通常の健康診査は学校医・学校歯科医によって行われている。

## (2) 福祉機関

**①児童福祉法**　児童が心身ともに健やかに生まれ育成されるように，またその生活が保障され，愛護されることをめざして，児童福祉法が制定されている。この児童福祉法によって，児童福祉施設とされているものには，助産施設，乳児院，母子生活支援施設，保育所，児童厚生施設，児童養護施設，知的障害児施設，知的障害児通園施設，盲ろうあ児施設，肢体不自由児施設，重症心身障害児施設，情緒障害児短期治療施設，児童自立支援施設及び児童家庭支援センターがある。これらの施設のなかでわれわれが多く目にするのは，児童養護施設と保育所であろう。児童養護施設は，保護者のない児童，虐待されている児童等の環境上養護を必要とする児童を入所させて，これを養護し自立を支援するための施設である。

**②保育所**　法律的には，「日々保育者の委託を受けて，保育に欠けるその乳児や幼児を保育する」ための施設である。幼稚園が学校教育法にもとづく教育機関であるのに，保育所は，児童福祉法にもとづく児童福祉施設である。しかし，保育所に求められる教育的役割の拡大や幼稚園での延長保育が一般的となるなど，両者の機能的隔たりは少なくなっている。

**③学童保育**　放課後，児童健全育成事業として，小学校に就学しているおおむね10歳未満の児童で，その保護者が労働などによって昼間家庭にいないものに，授業の終了後，児童厚生施設などを利用して適切な遊びおよび生活の場を与えて，その健全な育成を図るものである。いわゆる鍵っ子対策として生じたもので，地方自治体によってその形態は大きく異なるが，保育所とともに，共働きなどにともなう子どもを取り巻く生育環境の悪化を防止するとともに，就労女性の育児負担を減少させ，就労の継続を保障するためのものである。10歳以降の児童・生徒への同様な措置への要望も高い。家庭・地域・行政機関が子どもの健全な育成のために責任と協力をいかにシェアするかは今後の大きな課題である。

⑶ 教育機関
　日本では，義務教育は6歳から15歳までの9年間で，小学校と中学校に分かれる。それ以前に希望者のみが通う1年から3年制の幼稚園がある。義務教育の開始年齢も義務教育の修業年限も国によって異なるので，ここでは日本についてのみ考える。
❶制度としての学校　学校は同年齢の子どもで学年を構成し，学校経験の増加にともない学年が上昇していくところである。つまり，修得した内容によってではなく，履修した内容によって学年は進行するのである。そこでは，あらかじめ定められたカリキュラムによって，学習することが期待されているが，子ども間の個人差は当然問題となる。多様な発想や経験が学習活動や生活体験に肯定的に働くことが期待されるが，学習を進めるうえでの基礎的事項の定着がない場合には，大きな負担を子ども，子ども集団や教師に与えることがある。学級定員の削減問題以外にも，個別教育目標の設定，達成度や経験を考慮した学習集団の作成，多様な社会的資源の学校への導入などが検討されている。子どもの不登校問題を契機に導入されたスクールカウンセラー，心の教室相談員など教員以外の心理専門職の投入は，今後，学校不適応，学習障害，学業不振などの問題の解決に役立つであろう。
　小学校では学級担任制，中学・高校では教科担任制が導入されている。これは子どもの発達段階の違いにともなう特徴や学習内容の専門性などによって導入されたものであるが，小学校での専科の導入，生活科や総合的学習の導入，ティーム・ティーチング（TT）制の採用など，小学校段階でのきめの細かい配慮のある学習指導の重要性が指摘されている。逆に中等教育では学級活動や進路指導などの特別活動の重要性の指摘などによって，学級担任の役割が重視されている。個々の子どもたちを多面的に見，それぞれの特性に応じた支援が，今後ますます必要になってくる。
❷分離教育と統合教育　今の日本の義務教育では，障害を有している子どもには，その障害の種類や程度に応じて特別な学校あるいは学級が用意されている。小・中学校に配置されているのは特殊学級で，知的障害，言語障害，情緒障害学級などがある。これに対し，視覚障害児を対象とした盲学校，聴覚障害児を対象とした聾学校や，知的障害・肢体不自由・病弱・病弱児を対象とした養護学校がある。日本では，伝統的に分離教育の政策を採っており，障害を有する子どもに対しては，「障害を改善・克服し，自立と社会参加の資質を養うことをめざした指導」を実施するための，特別な教員配置や，施設設備への配慮を行っている。分離教育には一人ひとりの障害に応じた専門的指導を行えるというメリットの反面，同年齢の子どもたちとの自発的な関わりや，相互理解が制限され，地域社会での孤立化が心配されるなどのデメリットもある。特に障害が軽度の場合には，分離教育によるデメリットが大きくなり，新たに社

会的なハンデイキャップを生み出す一因にもなりうる。そこで，1993年4月文部省は「通級指導」を正式に制度化し，「小学校等の通常の学級に在籍する心身に軽度な障害がある児童生徒に対して心身の障害に応じて特別な指導の場で行われる特別な指導」と規定した。これは，それまでの画一的な分離教育政策からの大幅な転換である。北欧を中心に，障害を有した子ども地域のなかでできるだけ健常な子どもたちと一緒に育てていこうとする統合教育政策をとる国があり，また，イギリスのように，特殊教育の概念を障害の有無にかかわらず特別な教育的ニーズのある子どもの教育へと変化させた国もある。子どものさまざまな特性に応じたきめ細かい指導の必要性と障害者・少数者との共生の問題は学校教育の目標と関わって，重要な問題の一つになっている。

**③子どもたちにとっての学校**　学校は，家庭から離れたところで，同年齢の子どもたちが一堂に会し，集団的な形態で学習や生活を専門家の意図のもとで行うところで，一日のかなりの時間を過ごす。そこで期待される行動の多くは，典型的平均的子どもを想定して作成されたものが多く，必ずしも個々の子どもの事情は考慮されていない。

週日は毎朝8時過ぎには学校に行き，時間表に沿って教科を学ぶ。授業には，教師によってあらかじめ設定された目標があり，子どもたちはその達成が期待される。また，学級会や学校行事などを通じて，生活に関する指導も行われる。将来の有為な社会の一員として，また，自分の人生の主人公になれるように，鍛えられるのである。これは家庭での生活とは異質なもので，子どもにとって学校生活はストレスの強いところである。家庭での生活と学校での生活のバランスと役割分化が求められ，両者が車の両輪のごとく協調して機能することが期待される。そのためにも，教師あるいは学校は教育目標や教育方法について親や社会との協議がなされなくてはならない。

学校での日常活動は，学級単位のものが多く，学年単位の活動はかっては少なかった。これらは同年齢の子どもとの交流を保証するものであるが，必然的に異年齢との接触機会を減少させるものである。環境から，友人から，年長者から自発的に多くのことを学ぶという発想転換が期待されている今，異なる年齢集団経験を学校でどのように用意するかが求められている。

## 4. 学校教育に関わる心理教育援助サービス

学校心理士という資格を発足させるにあたって，日本教育心理学会は「学校心理学を，学校教育において児童生徒が学習・発達面，人格・社会面，進路面において出会う問題を解決し，成長することを促進する心理教育援助サービスの理論と実践を支える学問」とし，そこで行う心理教育援助サービスには「全ての子どもを対象とする活

動から，特別な援助ニーズを持つ子どもを対象とする活動までが含まれ」「その専門家が教師や保護者と連携して行う活動」（日本教育心理学会，1996）と定義している。この援助サービスを図示したものが図20.1である。

図からわかるように心理教育援助には，一次，二次，三次的心理教育サービスがある。これらは，学校教育がすべて行うべきサービスであるが，それらには教師の行うべき本来の仕事から，心理専門職（学校心理士，臨床心理士など）から専門的助言を受けたほうがいいものまであると思われる。

●図20.1　3つの段階の教育援助，その対象，および問題の例（日本教育心理学会，1996）

①**一次的心理教育援助**　多くの子どもが対応の仕方がわからなかったり，不安を感じたりするであろう問題に対して行われる援助サービスであり，原則として，すべての対象者に対して実施される。入学・学級替え・転校時の困難，テスト前勉強の仕方などがこれにあたり，学校や教師の側の準備や助言が行われれば大半の子どもたちはこれらの問題を解決していく。また，対人関係希薄化のなかで，友だちの作り方，自己表現の仕方等を，学級会活動などで取り上げ，積極的な人間関係づくりの基礎を学習させることも必要とされつつある。

②**二・三次的心理教育援助**　一部の子どもに対する援助を二次的，特定の子どもへの援助を三次的と区別する。授業についていけない，学習意欲が低い，学校で元気がない，友だちが少ない，といった子どもたちの存在は現在否定できない。二次的心理教育サービスとは，これらの問題が拡大しないように，子どもの健全な成長が損なわれないように，主としてそれらの子どもに対して行う特別な配慮を指す。その具体的配慮点は，多様であり，経験豊かな教師や専門家の助言を受けたほうがいいであろう。

三次的心理教育的援助とは，不登校，いじめ，LD（学習障害）など，特別な持続的援助が個別に必要な子どもへの専門的援助である。これら重大な援助ニーズをもった子どもの潜在的な強さと周囲の援助資源を活用して，自分の問題に対処し，学校生活が送れるように援助することである。このためには，教師，学校，保護者が協力して問題解決にあたるのであるが，心理専門職（学校には，スクールカウンセラーとして存在する）がその集団のなかで重要な役割を果たすのは当然であろう。

このように，教師は成長期の子どもが生活の大半を過ごす学校で，いくつかの異なるレベルの援助・支援を行うことが期待されている。

# さらに学ぶために——参考文献

## 1部　教育心理学から見た人間

東　洋　1989『教育の心理学』東京大学出版会
東　洋・繁多　進・田島信元（編集企画）1992『発達心理学ハンドブック』福村出版
新井邦二郎（編）1995『教室の動機づけの理論と実践』金子書房
バンデューラ, A.（本明　寛・野口京子／監訳）1998『激動社会の中の自己効力』金子書房
柏木惠子　1995『親の発達心理学——今，よい親とはなにか』岩波書店
木下芳子（編著）1992『対人関係と社会性の発達』（新・児童心理学講座　8）金子書房
藤永　保　1990『幼児教育を考える』（岩波新書）岩波書店
藤﨑眞知代・野田幸江・村田保太郎・中村美津子　1998『保育のための発達心理学』新曜社
伏見陽児・麻柄啓一　1993『授業づくりの心理学』国土社
繁多　進ほか（編）1991『社会性の発達心理学』福村出版
速水敏彦　1998『自己形成の心理——自律的動機づけ』金子書房
速水敏彦・橘　良治・西田　保・宇田　光・丹羽洋子　1995『動機づけの発達心理学』有斐閣
井上健治　1979『子どもの発達と環境』東京大学出版会
井上健治　1984『友だちができない子』岩波書店
井上健治・久保ゆかり（編）1997『子どもの社会的発達』東京大学出版会
岩田純一・佐々木正人・石田勢津子・落合幸子　1995『児童の心理学』有斐閣
神谷美恵子　1982『こころの旅』みすず書房
三浦香苗　1996『勉強ができない子』（子どもと教育）岩波書店
宮本美沙子・奈須正裕（編）1995『達成動機の理論と展開——続・達成動機の心理学』金子書房
村瀬嘉代子　1996『よみがえる親と子——不登校児とともに』（子どもと教育）岩波書店
無藤　隆ほか（編）1986『子ども時代を豊かに——新しい保育心理学』学文社
無藤　隆・久保ゆかり・遠藤利彦　1995『発達心理学』岩波書店
西林克彦　1994『間違いだらけの学習論——なぜ勉強が身につかないか』新曜社
西平直喜　1981『子どもが世界に出会う日』（有斐閣選書）有斐閣
西平直喜　1981『幼い日々にきいた心の詩』（有斐閣選書）有斐閣
西沢　哲　1994『児童虐待——子どもと家族への治療的アプローチ』誠信書房
デーモン, W.（山本多喜司／訳）1990『社会性と人格の発達心理学』北大路書房
氏家達夫　1996『親となるプロセス』金子書房
ワイナー, B.（林　保・宮本美沙子／監訳）1989『ヒューマン・モーチベーション——動機

づけの心理学』金子書房

## 2部　発達のすがた

安野光雅・河合隼雄　1998『生きることはすごいこと』講談社
東　洋　1989『教育の心理学』東京大学出版会
東　洋・柏木惠子・高橋惠子（編集監訳）1993『生涯発達の心理学　2巻——気質・自己・パーソナリティ』新曜社
東　洋・柏木惠子・高橋惠子（編集監訳）1993『生涯発達の心理学　3巻——家族・社会』新曜社
遠藤辰雄・井上祥治・蘭　千壽（編）1992『セルフ・エスティームの心理学——自己価値の探求』ナカニシヤ出版
エリクソン, E. H.（小此木啓吾／訳編）1973『自我同一性——アイデンティティとライフサイクル』誠信書房
稲垣佳世子・波多野誼余夫　1989『人はいかに学ぶか——日常認知の世界』（中公新書）中央公論社
井上健治・久保ゆかり（編）1997『子どもの社会的発達』東京大学出版会
梶田叡一　1987『子どもの自己概念と教育』（増補）（UP選書）東京大学出版会
梶田叡一（編）1994『自己意識心理学への招待——人とその理論』有斐閣
笠原　嘉　1977『青年期——精神病理学から』（中公新書）中央公論社
柏木惠子（責任編集）1992『パーソナリティの発達』（新・児童心理学講座 10）金子書房
柏木惠子　1995『親の発達心理学——今，よい親とは何か』（子どもと教育）岩波書店
木下芳子（責任編集）1992『対人関係と社会性の発達』（新・児童心理学講座 8）金子書房
無藤　隆・久保ゆかり・遠藤利彦　1995『発達心理学』岩波書店
村瀬孝雄　1996『中学生の心とからだ——思春期の危機をさぐる』（子どもと教育）岩波書店
落合良行・楠見　孝（責任編集）1995『自己への問い直し　青年期』（講座発達臨床心理学 4）金子書房
小川捷之・斉藤久美子・鑪　幹八郎（編）1990『ライフサイクル』（臨床心理学体系 3）金子書房
サイム, M.（星　三和子／訳）1982『子どもの目から見た世界——ピアジェの認識理論の実際』誠信書房
辻　平治郎　1993『自己意識と他者意識』北大路書房
湯川良三（編）1993『知的機能の発達』（新・児童心理学講座）金子書房

## 3部　個人差の理解

新井清三郎　1980『発達診断の理論と実際』福村出版

東　洋　1989『教育の心理学』東京大学出版会
チクセントミハイ，M. 1996『フロー体験――喜びの現象学』世界思想社
藤田和弘ほか（編著）1992『新・WISC‐R 知能診断事例集』日本文化科学社
林　邦雄・牟田悦子（責任編集）1998『LD と学校教育』（わかる LD シリーズ　3）日本文化科学社
梶田叡一　1992『教育評価』（第 2 版）有斐閣
前川喜平・三宅和夫（編）1988『発達検査と発達援助』（別冊『発達』8）ミネルヴァ書房
松原達哉（編著）1995『最新　心理テスト法入門――基礎知識と技法習得のために』日本文化科学社
宮城音弥　1960『性格』（岩波新書）岩波書店
本明　寛ほか（編）1989〜1990『性格心理学新講座』（全 6 巻）金子書房
長島貞夫（監修）1983『性格心理学ハンドブック』金子書房
滝沢武久　1971『知能指数』（中公新書）中央公論社
岡堂哲雄（編）1975『心理検査学』垣内出版
詫摩武俊（編）1978『性格の理論』（第 2 版）誠信書房
詫摩武俊（監修），鈴木乙史・清水弘司・松井　豊（編）1985〜1986『パッケージ・性格の心理』（全 6 巻）ブレーン出版
詫摩武俊（監修）1998『性格心理学ハンドブック』福村出版
詫摩武俊ほか（編）1990『性格心理学への招待――自分を知り他者を理解するために』サイエンス社
上野一彦ほか（編著）1996『LD 教育選書』（1〜3）学研
ユネスコ（監修）（落合俊郎ほか／訳）1997『ユネスコがめざす教育』田研出版

## 4 部　子どもの理解と支援の手だて

安香　宏ほか（編）1992『適応障害の心理臨床』（臨床心理学体系 10）金子書房
エリクソン，E. H.（近藤邦夫／訳）1981『玩具と理性――経験の儀式化と諸段階』みすず書房
石隈利紀　1999『学校心理学』誠信書房
河合隼雄　1993『物語と人間の科学』岩波書店
河合隼雄　1996『大人になることのむずかしさ』（子どもと教育）岩波書店
キーン，E.（吉田章宏・宮崎清孝／訳）1989『現象学的心理学』東京大学出版会
木村　敏　1973『異常の構造』（講談社現代新書）講談社
近藤邦夫　1994『教師と子どもの関係づくり――学校の臨床心理学』東京大学出版会
三浦香苗　1999『勉強ぎらいの理解と教育』新曜社
村瀬嘉代子　1995『子どもと大人の心の架け橋』金剛出版
村瀬嘉代子　1996『子どもの心に出会うとき』金剛出版

白橋宏一郎・小倉　清（編）1981『治療関係の成立と展開』（児童精神科臨床　2）星和書店
竹内常一　1987『こどもの自分くずしと自分つくり』東京大学出版会

# 引用・参考文献

## *1* 発達をめぐる論争
東　洋・繁多　進・田島信元（編集企画）1992『発達心理学ハンドブック』福村出版
藤永　保 1990『幼児教育を考える』（岩波新書）岩波書店
Portman, A. 1951 *Biologische Fragmente zu einer Lehre vom Menschen.* Basel : Schwabe.
　（高木正孝／訳，1961『人間はどこまで動物か』岩波新書，岩波書店）

## *2* 発達と養育
安藤春彦・熊代　永・中根允文（編）1991『小児精神医学』ヒューマンティワイ
ボウルビィ，J. M.（二木　武／監訳）1993『母と子のアタッチメント——心の安全基地』医歯薬出版
ブレムナー，J. G.（渡辺雅之／訳）1999『乳児の発達』ミネルヴァ書房
小嶋謙四郎（編著）1997『乳児心理学』川島書房
藤岡喜愛 1974『イメージと人間——精神人類学の視野』（NHK ブックス）NHK 出版
マーラー，M. S. ほか（高橋雅士ほか／訳）1981『乳幼児の心理的誕生——母子共生と個体化』黎明書房
村瀬嘉代子 1997『子どもと家族への援助——心理療法の実践と応用』金剛出版
二木　武ほか（編）1995『小児の発達栄養行動——摂食から排泄まで』（新版）医歯薬出版
西沢　哲 1994『子どもの虐待——子どもと家族への治療的アプローチ』誠信書房
小川捷之ほか（編）1990『ライフサイクル』（臨床心理学大系　3）金子書房
ウィニコット，D. W.（牛島定信／訳）1977『情緒発達の精神分析理論——自我の芽ばえと母なるもの』岩崎学術出版社

## *3* 家族のなかでの発達
Ainsworth, M. D. S., Blehar, M. C., Waters, E., & Wall, S. 1978 *The patterns of attachment : A psychological study of the Strange Situation.* Hillsdale, NJ : Erlbaum.
Ainsworth, M. D. S., Eichberg, C. G. 1991 Effects on infant-mother attacment of mother's unresolved loss of attachment figure or other traumatic experience. In C. M. Parkes, J. Stevenson-Hide & P. Marris(eds.), *Attachment across the life cycle,* pp. 160-183. New York : Routledge.
東　洋 1994『日本人のしつけと教育——発達の日米比較にもとづいて』東京大学出版会
ボウルヴィ，J. M.（黒田実郎・大羽　蓁・岡田洋子／訳）1976『愛着行動』（母子関係の理論 I）岩崎学術出版社 (Bowlby, J. M. 1969 Attachment and loss, vol. 1 Attachment. London : Hogarth Press.)

Cassidy, J. 1994 Emotion regulation: Influences of attachment relationships. In A. Fox(ed.), The development of emotion regulation. *Monographs of the Society for Research in Child Development*, 59, pp. 228-249.
遠藤利彦 1992「愛着と表象：愛着研究の最近の動向――内的作業モデル概念とそれをめぐる実証的研究の概観」『心理学評論』35（2），201-233頁
船橋恵子 1995「家族の変容」柏木恵子・高橋恵子（編）『発達心理学とフェミニズム』ミネルヴァ書房，53-76頁
井上芳世子 1999「母親としての発達を規定する要因――実母との関係を手がかりとして」平成10年度群馬大学教育学部卒業論文（未公刊）
柏木恵子 1989『幼児期における「自己」の発達――行動の自己制御機能を中心に』東京大学出版会
柏木恵子・若松素子 1994「『親になる』ことによる人格発達――生涯発達的視点から親を研究する試み」『発達心理学研究』5（1），72-83頁
小嶋秀夫 1989『乳幼児の社会的世界』有斐閣
Main, M. & Solomon, J. 1990 Procedures for identity infants as disorganised / disoriented during Ainsworth strange situation. In M. T. Greenberg, D. Ccicchetti & E. M. Cummings(eds.), *Attachment in the preschool years*, pp. 121-160. Chicago: University of Chicago Press.
乙武 洋 1998『五体不満足』講談社
鈴木眞雄・松田 惺・富永健司 1989『親の子育てについての信念体系と子どもの効力感――生活経験と社会的測定地位との関連から』愛知教育大学教科教育センター研究報告，13, 37-40頁
氏家達夫・柏木恵子・田島信元 1988「幼児の Self-Regulation の発達（9） 社会化要因との関係」『日本心理学会第52回大会発表論文集』86

## 4 人間関係の拡大

天野正子 1998「子どもの居場所づくり――地域に"社会的オジサン"を」日本経済新聞2月19日付夕刊（首都圏版）
Dunn, J. 1988 *The Beginning of Social Understanding*. Oxford: Basil Blackwell.
遠藤利彦 1995「人の中への誕生と成長」無藤 隆・久保ゆかり・遠藤利彦『発達心理学』3，岩波書店，7-56頁
Garvey, C. 1984 *Children's talk*. Cambridge, MA: Harvard University Press.（柏木恵子・日笠摩子／訳，1987『子どもの会話――"おしゃべり"にみるこころの世界』サイエンス社）
Harter, S. 1999 *The construction of the self : A developmental perspective*. New York: The Guilford Press.
市川奈緒子 1997「家族と社会化」井上健治・久保ゆかり（編）『子どもの社会的発達』東京

大学出版会，32-49頁
井上健治 1984『友だちができない子』岩波書店
井上健治 1992「仲間と発達」東　洋・繁多　進・田島信元（編）『発達心理学ハンドブック』福村出版，1048-1065頁
川井　尚・恒次欽也・大薮　泰・金子　保・白川園子・二木　武 1983「乳児 – 仲間関係の縦断的研究 1 ——初期の発達的変化」『小児の精神と神経』23，35-42頁，日本小児医事出版社
Magai, C. & Mcfadden, S. H. 1995 *The role of emotions in social and personality development : History, theory, and research.* New York : Plenum Press.
Rubin, K. H., Bukowski, W., & Parker, J. G. 1998 Peer interactions, relationships, and groups. In W. Damon & N. Eisenberg(eds.), *Handbook of child psychology*, fifth edition, volume three, pp. 619-700. New York : Wiley.
Selman, R. L. & Jaquette, D. 1978 Stability and oscillation in interpersonal awareness : A clinical-developmental analysis. In C. B. Keasey(ed.), *Nebraska Symposium on Motivation*, pp. 261-304. Lincoln : University of Nebraska Press.
高橋惠子 1983「対人関係」波多野完治・依田　新（編）『児童心理学ハンドブック』金子書房，607-639頁
Wright, J. C., Giammarino, M. & Parad, H. W. 1986 Social status in small groups : Individual-group similarity and the social "misfit". *Journal of Personality and Social Psychology*, 50, pp. 523-536.
依田　明 1990『きょうだいの研究』大日本図書
Youniss, J. 1980 *Parents and peers in social development : A Sullivan-Piaget perspective.* Chicago : University of Chicago Press.

## 5　学校社会での経験

蘭　千壽 1992「対人関係のつまずき」木下芳子（編著）『対人関係と社会性の発達』金子書房，261-295頁
柄谷行人・木村　敏 1985「他者に教えるということ」『現代思想』13 (12) 青土社，188-207頁
栗原　彬・佐藤　学 1996「教育の脱構築：国民国家と教育」『現代思想』24 (7)，青土社，60-77頁
下村哲夫 1999「21世紀を拓く学校経営の改善——公立学校は再生できるか」『教育ジャーナル』38 (2)，学習研究社，31-32頁

## 6　人間の学習の特殊性

Bruner, J. S., Olver, R. R. & Greenfield, P. M. 1966 *Studies in cognitive growth*, New York : Wiley.（岡本夏木ほか／訳，1968『識能力の成長』上，明治図書）

Holyoak, K. J. & Thagard, P. 1995 *Mental leaps: Analogy in creative thought*. Cambridge, MA: The MIT Press.(鈴木宏昭・河原哲雄／監訳,1998『アナロジーの力――認知科学の新しい探求』新曜社)

岩田純一 1988 補稿「比喩ルの心」山梨正明『比喩と理解』(認知科学選書 17) 東京大学出版会,161-180頁

岩田純一 1995「新たなことばの地平へ」「ことばとメタ化」岩田純一・佐々木正人・石田勢津子・落合幸子『児童の心理学』有斐閣,5章,6章

Kendler, H. H. & Kendler, T. S. 1962 Vertical and horizontal processes in problem solving. *Psychological Review*, 69, pp. 1-16.

岡本真彦 1991「発達的要因としての知能及びメタ認知的知識が算数文章題の解決に及ぼす効果」『発達心理学研究』2 (2),78-87頁

## 7 感じ方とやる気

Bandura, A. 1977 Self-efficacy: Toward a unifying theory of behavioral change. *Psychological Review*, 84, pp. 191-215.

Dweck, C. S. 1986 Motivational processes affecting learning. *American Psychologist*, 41, pp. 1040-1048.

Maslow, A. 1962 *Toward a psychology of being*. NJ: Van Nostrand.(上田吉一／訳,1998『完全なる人間――魂のめざすもの』第2版,誠信書房)

Rotter, J. B. 1966 Generalized expectancies for internal versus external control of reinforcement. *Psychological Monographs*, 80 (whole No. 609), pp. 1-28.

セリグマン,M.(山村宜子／訳)1994『オプティミストはなぜ成功するか』講談社

Weiner, B. (ed). 1974 *Achievement motivation and attribution theory*. NJ: General Learning Press.

## 8 人格発達Ⅰ

馬場禮子・永井 徹(編)1997『ライフサイクルの心理学』培風館

Erikson, E. H. 1982 *The Life Cycle Completed*. New York: W. W. Norton.(村瀬孝雄・近藤邦夫／訳,1989『ライフサイクル,その完結』みすず書房)

波多野誼余夫・稲垣佳世子 1981『無気力の心理学――やりがいの条件』(中公新書)中央公論社

堀野 緑 1994『達成動機の心理学』風間書房

柏木恵子・古澤頼雄・宮下孝広 1996『発達心理学への招待』ミネルヴァ書房

北山 修 1992「頑張る」『イマーゴ』3 (9)(臨時増刊 8,総特集:言葉の心理)青土社

久世敏雄編 1988『教育の心理』名古屋大学出版会

Mahler, M., Pine, F. & Bergman, A. 1975 *The Psychological Birth of the Human Infant*. New York: Basic Books(高橋雅士・織田正美・浜田 紀／訳,1988『乳幼児の心理的

誕生』黎明書房）
Rogers. C. 1965 The Complete Works of C. R. Rogers 12. (村山正治／編訳 1967『人間論』ロージャズ全集 12, 岩崎学術出版社)
下山晴彦（編）1998『発達と臨床援助の心理学』（教育心理学 2）東京大学出版会

## 9 人格発達II
馬場禮子・永井 撒（共編）1997『ライフサイクルの臨床心理学』培風館
エリクソン，E. H.（小此木啓吾／訳編）1973『自我同一性──アイデンティティとライフサイクル』誠信書房
エリクソン，E. H.（仁科弥生／訳）1977『幼児期と社会』みすず書房
ハヴィガースト，R. J.（荘司雅子／訳）1953『人間の発達と教育──幼年期より老年期まで』牧書店
川端啓之・杉野欽吾・後藤晶子・余部千津子・萱村俊哉 1995『ライフサイクルからみた発達臨床心理学』ナカニシヤ出版, 17頁
レビンソン，D. J.（南 博／訳）1992『ライフサイクルの心理学』（上・下）講談社
文部省 1998「平成10年度学校保健統計調査」
村田孝次 1981『児童心理学入門』培風館, 11頁
斎藤耕二・菊池章夫（編）1990『社会化の心理学ハンドブック──人間形成と社会と文化』川島書店
高野清純（監修）1994『事例発達臨床心理学事典』福村出版

## 10 自分理解
梶田叡一 1988『自己意識の心理学』（第2版）東京大学出版会
梶田叡一（編著）1989『自己意識の発達心理学』金子書房
柏木惠子 1983『子どもの「自己」の発達』東京大学出版会
無藤清子 1992「自我同一性」柏木惠子（責任編集）『パーソナリティの発達』（新・児童心理学講座 10）金子書房, 135-180頁
小此木啓吾 1978『モラトリアム人間の時代』中央公論社

## 11 子どもの知的世界の拡大
Ausubel, D. P. 1963 *The Psychology of Meaningful Verbal Learning.* New York : Grune & Stratton.
Bruner, J. S., Olver, R. R. & Greenfield, P. M. 1966 *Studies in Cognitive Growth.* 2nd ed. New York : John Wiley & Sons.
Hatano, G. & Inagaki, K. 1991 Sharing Cognition Through Collective Comprehension Activity. In Resnick, L. B., Levine, J. M., & Teasley, S. D. (Eds.) *Perspectives on Socially Shared Cognition.* Washington, DC : American Psychological Association.

Hogrefe, G.-J., Wimmer, H. & Perner, J. 1986 Ignorance versus False Belief: A Developmental Lag in Attribution of Epistemic States. *Child Development*, 57, pp. 567-582.
稲垣佳世子 1995『生物概念の獲得と変化――幼児の「素朴生物学」をめぐって』風間書房
国立国語研究所 1982『幼児・児童の概念形成と言語』東京書籍
中島伸子 1995「『観察によって得た知識』と『科学的情報から得た知識』をいかに関連づけるか――地球の形の概念の場合」『教育心理学研究』43 (2), 113-124頁
岡田 猛 1987「問題解決過程の評価に関する発達的研究」『教育心理学研究』35 (1), 49-56頁
Piaget, J. & Inhelder, B. 1967 Langdon, F. J. & Lunzer, J. L. (trans.), *The Child's Conception of Space*. New York: W. W. Norton & Company.
Piaget, J. & Inhelder, B. 1955 Parsons, A. & Milgram, S. (trans.), 1958, *The Growth of Logical Thinking From Childhood to Adolescence*. New York: Basic Books.
Piaget, J. 1945 Gattegno, C. & Hodgson, F. M. (trans.), 1962, *Play, Dreams and Imitation in Childhood*. London: Routledge & Kagan Paul.（大伴 茂／訳, 1967『遊びの発達心理学』黎明書房；大伴 茂／訳, 1969『表象の心理学』黎明書房；大伴 茂／訳, 1967『模倣の心理学』黎明書房）
ピアジェ, J.・シェミンスカ, A.（遠山 啓・銀林 浩・滝沢武久／訳）1962『数の発達心理学』国土社
ピアジェ, J.（大伴 茂／訳）1954『児童の自己中心性』同文書院
ピアジェ, J.（谷村 覚・浜田寿美男／訳）1978『知能の誕生』ミネルヴァ書房
ピアジェ, J.（波多野完治・滝沢武久／訳）1967『知能の心理学』みすず書房
佐藤公治 1985「理解過程に及ぼすモニタリングの役割について」『北海道教育大学紀要第一部C 教育科学編』35 (2), 87-100頁
Shatz, M. & Gelman, R. 1973 The development of Communication Skills: Modifications in the Speech of Young Children as a Function of Listener. *Monographs of the Society for Research in Child Development*, 38, p. 5.
杉村 健・多喜裕美 1990「概念的階層関係の理解における発達的変化」『奈良教育大学紀要』39 (1), 123-134頁
Takahashi, K. & Hatano, G. 1994 Understanding of the banking business in Japan: Is economic prosperity accompanied by economic literacy?, *British Journal of Developmental Psychology*, 12, pp. 585-590.
田丸敏高 1993『子どもの社会認識』法政出版
内田伸子 1989「子どもの推敲方略の発達――作文における自己内対話の過程」『お茶の水女子大学人文科学紀要』42, 75-104頁
ヴィゴツキー, L. S.（柴田義松／訳）1966『思考と言語』（第6版）明治図書
Wellman, H. M. & Estes, D. 1986 Early Understanding of Mental Entities: A Reexamination of Childhood Realism. *Child Development*, 57, pp. 910-923.

湯沢正道 1990「階層的概念の理解の発達的変化」『教育心理学研究』38（2），135-144頁

## 12　他者理解

新井邦二郎 1997『図でわかる発達心理学』福村出版，87頁，136頁，174頁
Hoffman, M. L. 1981 The development of empathy. In P. Ruston & R. M. Sorrentino(eds.), *Altruism and helping bihavior : Social personality, and developmental perspectives.* Hillsdale, NJ : Erlbaum.
神保信一 1981「道徳性の発達」梅津八三ほか（監修），東　洋ほか（編）『新版心理学事典』平凡社，633頁
柏木惠子 1981「性役割」梅津八三ほか（監修），東　洋ほか（編）『新版心理学事典』平凡社，508-509頁
コールバーグ（永野重史／監訳）1987『道徳性の形成──認知発達的アプローチ』新曜社
コールバーグ，L.・ヒギンズ，A.（岩佐信道／訳）1987『道徳性の発達と道徳教育──コールバーグ理論の展開と実践』広池学園出版部
久保ゆかり 1997「他者理解の発達」井上健治・久保ゆかり（編）『子どもの社会的発達』東京大学出版会，116頁，120頁，124-125頁
村田孝次 1990『児童発達心理学』培風館，110-113頁，121頁
目黒依子 1994『ジェンダーの社会学』放送大学教育振興会
荻野美佐子 1997「コミュニケーションの発達」井上健治・久保ゆかり（編）『子どもの社会的発達』東京大学出版会，195-196頁
大庭茂美・河村正彦（編）1999『道徳教育の基礎と展望』福村出版，66-68頁，182-203頁
繁田　進（編）1999『乳幼児発達心理学──子どもがわかる好きになる』福村出版，65-66頁．
瀬谷正敏 1981「共感性」梅津八三ほか（監修），東　洋ほか（編）『新版心理学事典』平凡社，547頁

## 13　個性の把握

堀　洋道・山本真里子・松井　豊 1994『心理尺度ファイル──人間と社会を測る』垣内出版
星野　命（編著）1989『ケース研究──個性の形態と展開』（性格心理学新講座 6）金子書房
伊藤一美 1999「学習障害児に見られる算数文章題におけるつまずき」『LD（学習障害）──研究と実践』7（2），80-89頁
詫摩武俊 1984『個性と適性の心理学』（講談社現代新書）講談社
渡部　洋（編著）1993『心理検査法入門──正確な診断と評価のために』福村出版
渡部　洋・鈴木規夫・山田文康・大塚雄作 1985『探索的データ解析入門──データの構造を探る』朝倉書店

## 14　知性の理解

Guilford, J. P. 1967 *The nature of human intelligence.* New York : McGraw-Hill.
生沢雅夫ほか　1985『新版K式発達検査』ナカニシヤ出版
カーク，S. A.・カーク，W. D.（三木安正ほか／訳）1974『ITPAによる学習能力の診断と治療』日本文化科学社
古賀行義ほか　1967『MCCベビーテスト』同文書院
前川久男・石隈利紀ほか（編著）1995『K-ABC　アセスメントと指導』丸善メイツ
松原達哉（編著）1995『心理テスト法入門』日本文化科学社
Spearman, C. 1927 *The abilities of man.* New York : Macmillan.
Sternberg, R. J. 1985 *Beyond IQ : A triarchictheory of human intelligence.* New York : Cambridge University Press.
Thurstone, L. L. 1938 *Primary mental abilities.* Chicago : University of Chicago Press.
津守　真ほか　1961『乳幼児精神発達診断法』大日本図書
上野一彦・中根　晃（責任編集）1996『LDとは何か――基本的な理解のために』（わかるLDシリーズ 1）日本文化科学社
ウェクスラー，D.（日本版WISC-III刊行委員会／訳編著）『日本版WISC-III知能検査法』日本文化科学社

## 15　人格の理解

藤田圭一・高嶋正士・大村政男（編著）1992『こころのゼミナール』福村出版
辻　平次郎ほか　1997「パーソナリティの特性論と5因子モデル：特性の概念，構造，および測定」『心理学評論』40（2）
氏原　寛・森岡正芳・杉原保史（編）1993『心理学入門――心の深みをさぐる』培風館

## 16　社会的能力の理解

相川　充・津村俊充（編著）1996『社会的スキルと対人関係』誠信書房
蘭　千壽　1990『パーソン・ポジティヴィティの社会心理学』北大路書房
蘭　千壽　1999『変わる自己　変わらない自己』金子書房
アーガイル，M.・ヘンダーソン，M.（吉森　護／編訳）1992『人間関係のルールとスキル』北大路書房
井上健治　1984『子どもと教育を考える』岩波書店
木下芳子（編）1992『対人関係と社会性の発達』（新・児童心理学講座 8）金子書房
村山久美子　1977「自由記述に現れた対人認知の発達的研究」『心理学研究』48，1-6頁
佐藤正二　1996「子どもの社会的スキル・トレーニング」相川　充・津村俊充（編著）『社会的スキルと対人関係』誠信書房，173-200頁
Wolpe, J. & Lazarus, A. 1966 *Behavior therapy thechniques.* Oxford : Pergamon Press.
山本真理子　1998「対人情報処理過程――印象形成過程における社会的認知」山本真理子・

外山みどり（編著）『社会的認知』誠信書房，103-128頁

## 17　適応と不適応
安香　宏　1979『非行少年の心理』（有斐閣新書）有斐閣
団　士郎　1996「非行少女の中に残ったもの」平木典子（編）『現代のエスプリ』353（特集：親密さの心理）至文堂
Erikson, E. H. 1963 *Childhood and Society.* New York : W. W. Norton.（仁科弥生／訳，1977，1980『幼児期と社会』I・II，みすず書房）
Erikson, K. T. 1973 *In Search of Common Ground.* New York : W. W. Norton.（近藤邦夫／訳，1975『エリクソン vs ニュートン——アイデンティティと革命をめぐる討論』みすず書房）
フロイト，A.（外林大作／訳）1958『自我と防衛』誠信書房
伊藤研一　1994「学齢期の心理的問題の理解」伊藤隆二ほか（編）『学齢期の臨床心理学』駿河台出版社
河合隼雄　1996『大人になることのむずかしさ——青年期の問題』（新装版）（子どもと教育）岩波書店
近藤邦夫　1994『教師と子どもの関係づくり——学校の臨床心理学』東京大学出版会
近藤　裕　1981『カルチュア・ショックの心理——異文化とつきあうために』創元社
村瀬孝雄　1984『中学生の心とからだ——思春期危機をさぐる』岩波書店
大貫敬一・佐々木正宏（編）1992『心の健康と適応——パーソナリティの心理』福村出版
大塚芳子　1986「異文化間カウンセリングと異文化体験」『教育と医学』34（10），慶應義塾大学出版
佐藤修策　1992「小学生の不適応」安香　宏ほか（編）『適応障害の心理臨床』（臨床心理学体系 10）金子書房
空井健三　1992「適応障害とは何か」安香　宏ほか（編）『適応障害の心理臨床』（臨床心理学大系 10）金子書房
竹内常一　1987『こどもの自分くずしと自分つくり』東京大学出版会

## 18　自分の感じ方と他者の見方
近藤邦夫　1994『教師と子どもの関係づくり——学校の臨床心理学』東京大学出版会
Rogers, C. R. & Dymond, F. K. 1954 *Psychotherapy and personality change.* Chicago : University of Chicago Press.（友田不二男／編訳，1967『パースナリティの変化』岩崎学術出版社）

## 19　個別的理解と大数的理解
土居健郎　1992『方法としての面接』（新訂）医学書院
堂野博之　1998『あかね色の空を見たよ——5年間の不登校から立ち上がって』高文研

文部省・生徒指導研究会（編）1988『登校拒否の指導・相談事例集』第一法規

## 20　子どもへのさまざまな支援
日本教育心理学会 1996「スクールサイコロジストとは（学校心理学に基づくスクールカウンセラー）」日本教育心理学会

# 索　引

## 【人名】

### あ

アーガイル　Argyle, M.　110-112
東　洋　20
アドラー　Adler, A.　104
天野正子　27
新井邦二郎　75, 76, 79, 80
蘭　千壽　31
アリエス　Ariés, P.　30
生沢雅夫　99
石隈利紀　96
市川奈緒子　23
伊藤一美　89
稲垣佳世子　71
井上芳世子　16
井上健治　25, 26
岩田純一　35, 39
ヴィゴツキー　Vygotskii, L.S.　71
ウェクスラー　Wechsler, D.　92
上野一彦　98
ウォルピ　Wolpe, J.　114
氏家達夫　20
内田伸子　72
エインズワース　Ainsworth, M.D.S.　17, 18
エリクソン　Erikson, E.H.　48, 49, 55, 59-61, 66, 75, 81, 121
遠藤利彦　19, 22
大庭茂美　77
岡田　猛　72
岡本真彦　37
荻野美佐子　76
小此木啓吾　67
乙武　洋　21

### か

カーク　Kirk, S.A.　95
カーク　Kirk, W.D.　95
梶田叡一　63, 65
柏木惠子　16, 20, 66, 81

川井　尚　23
河合隼雄　123
河村正彦　77
ギルフォード　Guilford, J.P.　92, 93
久保ゆかり　76, 77
クレッチマー　Kretschmer, E.　103
ケリー　Kelly, G.A.　104
ケンドラー　Kendler, H.H.　34, 35
古賀行義　98
小嶋秀夫　20
コールバーグ　Kohlberg, L.　77, 78, 112
近藤邦夫　120, 125

### さ

サーストン　92
佐藤公治　72
佐藤修策　122
シェミンスカ　Szeminska, A.　70
ジェンドリン　Gendlin, E.T.　104
杉村　健　71
鈴木眞ャ　20
スターン　Stern, D.N.　10
スピアマン　Spearman, C.E.　92
スピッツ　Spits, R.　10
瀬谷正敏　79
セリグマン　Seligman, M.E.P.　42
セルマン　Selman, R.L.　112

### た

高橋惠子　25
多喜裕美　71
竹内常一　122
田丸敏高　73
津守　真　98
土居健郎　134
ドベック　Dweck, C.S.　44

### な

中島伸子　72
中根　晃　98

159

ニューカム　Newcomb, A.F.　65

## は

ハヴィガースト　Havigurst, R.J.　49, 55, 56
ハルトマン　Hartmann, H.　121
ハーロウ　Harlow, H.F.　11
繁多　進　80
バンデューラ　Bandura, A.　42, 104
ピアジェ　Piaget, J.　12, 68-73, 76, 93
ビネー　Binet, A.　97
日野林　57
ヒギンズ　Higgins, A.　77
藤田圭一　103
船橋恵子　21
ブルーナー　Bruner, J.S.　34, 71
フロイト　Freud, A.　102, 121
フロイト　Freud, F.　52
ヘッブ　Hebb, D.O.　92
ヘンダーソン　Henderson, M.　110
ボウルヴィ　Bowlby, J.　17
星野　命　84
ホフマン　Hoffman, M.L.　79
堀　洋道　85
ホリオーク　Holyork, K.J.　39
堀野　緑　53
ポルトマン　Portman, A.　2

## ま

前川久男　96
マーシャ　Marcia, J.E.　67
マズロー　Maslow, A.　40
松原達哉　99
マーラー　Mahler, M.S.　13, 51, 65
無藤清子　66
村田孝次　77, 78, 79
村山久美子　111
メンデル　Mendel, J.G.　5
モレノ　Moreno, J.L.　112

## や

山本真理子　112
湯沢正道　71
ユング　Jung, C.　102

依田　明　23

## ら

ラザラス　Lazarus, A.　114
ルリア　Luria, A.R　94
レビンソン　Levinson, D.J.　60, 61
ロジャーズ　Rogers, C.　104, 128
ロッター　Rotter, J.B.　42

## わ

ワイナー　Weiner, B.　41
若松素子　16
渡部　洋　90

## 欧文

Ausubel, D.P.　73
Cassidy, J.　19
Dunn, J.　23
Dymond, F.K.　128
Eichberg, C.G.　18
Estes, D.　69
Garvey, C.　24, 25
Harter, S.　27
Hatano, G.（波多野誼余夫）　72, 73
Hogrefe, G.-J.　69
Inagaki, K.（稲垣佳世子）　72
Inhelder, B.　70, 73
Jaquette, D.　25
Magai, C.　22
Main, M.　18
Rubin, K.H.　22, 26
Selman, R.L.　25
Shatz, M.　70
Solomon, J.　18
Takahashi, K.　73
Wellman, H.M.　69
Wright, J.C.　26
Youniss, J.　25

【事項】

## あ
愛他的行動　113
愛着　17
　　——の形成　49
アイデンティティ　66, 81
　　——地位　67
　　——の確立　59, 127
　　——の問い直し　61
アヴェロンの野生児　4
赤ちゃんがえり　50
アサーション　114
　　——トレーニング　114
アチーブメント・テスト　99
アナロジー　38

いい子　122
育児　14
移行学習　34, 35
移行対象　12
いじめ　128, 143
異性への関心　59
依存　137
逸脱　119
遺伝と環境　5, 6
異年齢との接触機会　142
インターネット　26, 31

ウェクスラー式の知能検査　97

エゴ・グラム　106
エディプス・コンプレックス　51
エレクトラ・コンプレックス　51
援助行動　113
延滞模倣　69

男らしさ　58
親　44
親子関係　23, 136
女らしさ　58

## か
外言　71
概念　71

核家族　14
学習　34
　　——環境　45
　　——障害　→LD
　　——遅進児　96
　　——遅滞児　87
　　——目標　44
　　移行——　34, 35
　　環境説（学習説）　5, 7
　　総合的な——　45
　　有意味——　73
学習指導要領　29
学童期　51, 53
学童保育　140
隔離　121
学力検査　99
学力差　36
学力偏差値　85
加算説　6
仮説演繹的思考　72
家族　16
　　——のライフスタイル　21
価値観　41
　　——の形成と文化　20
価値基準　137
学級集団　124
学級風土　32
学校　28
　　——医　140
　　——以外の教育機関　32
　　——教育　71, 72
　　——歯科医　140
　　——の言葉　35
　　——の役割　28
学校心理士　142, 143
家庭環境　133
家庭生活支援　15
家庭の教育力　17
身体像　126
感覚運動期　68
感覚運動的世界　68
感覚運動的知能　8
環境説（学習説）　5, 7
観察法　105
感情　41

危機　67

帰国子女　118
気質　100
規範　131
基本的信頼感　49, 50, 75
基本的生活習慣　136
ギャング・エイジ　77, 125
ギャング集団　138
9, 10歳の壁　36
鏡映像　64
境界性人格障害　51
共感性　79
教材　45
教師　128
　——期待効果　43
競争　53
きょうだい　27
　——関係　23
去勢不安　51, 52
勤勉性　52

具体的操作期　71, 73
クライエント中心療法　127

形式的操作期　72
傾倒　67
原因帰属　41, 42
言語　49, 50
　——的コミュニケーション　12
　——的・抽象的な論理的思考　73
　——の獲得　3
健康診断　139
検査法　105
現実自己　126, 128
現象学派　104

交換日記　127
攻撃的適応機制　121
高校生　128
　——期　58
向社会的行動　112
校則　126
効力感　49, 51, 52, 53
高齢化社会　61
刻印づけ　3, 8
心の教室相談員　141
心の理論　76
個人化　21

個人差　4, 84, 95
個性　84
　——化　75
　——化・個別化　7
ごっこ遊び　69
孤独感　60
言葉　69
　——の始まり　12
　——のメタ化能力　37
子ども観　30
子どもの虐待　15
個別性への気づき　129
個別的理解　132
コンピュータ　45

さ

罪悪感　51
才能教育　7
作業検査法　105
三カ月微笑　10

死　61
ジェンダー　80
　——・バイアス　81
自我　8
　——意識　50
　——同一性　52, 66
　——の発達　9
　——の目覚め（芽生え）　58, 65
自虐問題行動　11
自己　66
　——意識　63
　——概念　62, 63
　——吟味　66
　——肯定感　74
　——効力（感）　42, 118
　——充実感達成動機　53
　——主張　20
　——選択　53
　——像　63, 65, 127
　——中心性　65
　——中心的な思考　76
　——中心的な話し方　70
　——同一性　59
　——否定　128
　——評価　124-128, 133

──不全感　52
　　──抑制　20
　　現実──　126, 128
　　身体的──　64
　　友人──　126
　　理想の──　27, 128
思考　71
自主性の獲得　51
思春期　125, 127, 128
自信　52
自尊感情（心）　74, 128
視聴覚機器　45
しつけ　19, 80
嫉妬　23
質問紙　85
　　──法　63, 105
児童期　25, 48, 49, 52, 65, 71, 77
児童虐待　136
児童相談所　15
児童福祉施設　140
児童福祉法　140
児童養護施設　140
自分感覚　13
自分くずし　123
自分の対象化　62
自閉症　132
社会化　31, 55, 75
社会的学習理論　104
社会的スキル　109, 110, 114, 138
社会的認識　73
社会的能力　108, 109
社会的モデル　23
社会的ルール　110, 112
就巣性　2
熟達感　53
受験体制　59
準拠集団　125
順応　118
昇華　121
生涯発達　48, 58
小学生　62, 122
小学校　36, 124
状況‐行動論　104
少子化　26
常識　131
成就値　85
情緒　11, 41

　　──交流　10, 11
象徴遊び　69
象徴的（前概念的）思考の段階　68
情動調律　10
情報化　26
　　──社会　31
初期経験　3
職業選択　29
所属意識　126
初潮　57
自律性　51
心因性症状　122
人格　100
　　──検査　104
　　──発達　48, 55
　　──理論　101, 104
人権　78
新生児期　8
人生半ばの過渡期　61
身体的自己　64
身体能力　133
身長　57
新米の成人時代　60
親密性　60, 67
親友　59
心理教育援助　142
心理テスト　85

スクールカウンセラー　141, 143
ストレンジ・シチュエーション　17, 18

性
　　──的衝動　58
　　──的成熟　56, 58
　　──に対する葛藤や悩み　59
　　──犯罪　59
　　──役割　31, 51, 80, 81, 138
　　異──への関心　59
　　セックス　80
生育歴　133
性格　100
　　──検査　63
生産性　60
制止　50
成熟前傾現象　57
成熟の拒否　59
成人期　60

精神的健康さ　31
精神発達遅滞　132
精神分析　51, 102
成績目標　44
成長加速現象　57
生得説　5, 7
制度としての学校　141
青年期　27, 55, 59, 66, 72, 81, 127
　　──の延長　60
　　生物学的差異　80
セックス　80
先決説　5
先生　43
前成説　5
前操作期　68

早期教育　7
早期成人期　67
総合教育　141
総合的な学習　45
相互作用説（論）　6, 104
操作　68, 70
喪失感　61
ソシオメトリー　112

## た

第一次反抗期　50, 64
退行　50
対抗文化　125
胎児期　139
体重　57
対象関係成立以前の段階　65
対人関係　22, 60, 112
対人的能力　31
対人理解　111
大数的理解　131
能度　100
第二次性徴　58
他者の視点　25
他者評価　124-126, 128
達成感　53
達成動機づけ　41
脱文脈的言葉の使用　36, 37

地域活動　137, 138
知性　92, 95

　　──の発達　9
父親（母親）への同一化　52
知能　68, 92
　　──検査　92, 95, 97
　　──偏差値　85
　　──テスト　88
チャータースクール　33
中学生　128
　　──期　58
中年期　60
直立歩行　3
直観的思考　69

通級学級　142

ティーム・ティーチング（TT）　141
適応　118
　　──異常　122
　　──過剰　122
　　──機制　121
　　──障害　121, 122
　　非社会的不──　123
　　不──　121
　　防衛的──機制　121
適時性　5, 7
適性処遇交互作用　7, 89
天才児　87

同一化（父親／母親への）　52
同一視　137
投影法　105
動機づけ　40
統計的平均域　130
統合性　61
同性同輩　58
統制の位置　42
同性の友人関係　126
道徳　112
　　──教育　77
　　──性発達　77
　　──判断の発達段階　78
同年齢集団　30
逃避的適応機制　121
特殊教育　88
特性論　102
友だち　25
努力　41, 42

## な

内言　71
仲間関係　23

二次的就巣性　2
二次的不信感　50
20答法　63
乳児　23
　——期　49, 68, 75, 136, 139, 140
乳幼児期　64, 76
人間学派　104
認知能力　133

能力　41, 42

## は

排泄　13
パーセンタイル順位　86
外れ値　86, 88
パソコン通信　127
パーソナリティ　100
発達　2
　——加速現象　56, 58
　——課題　55, 56, 59
　——検査　98
　——勾配現象　57
　——段階　48, 49
　——停滞　14
母親　10, 11, 49, 64
反抗　58
反社会的行為　59
反社会的不適応　123
反射機能　10
反動形成　121

比較　53
悲観的な説明スタイル　42
ピグマリオン効果　43
非行　125
非社会的不適応　123
人見知り　12
標準化　85
表象的思考　68
評定法　105

不信感　49
父性　136
普通　130
不適応　121
不適合　120
不登校　128, 131, 132, 134, 143
フリースクール　33
分与行動　113
分離教育　141
分離‐固体化　3, 51, 65

並行遊び　53

保育所　140
防衛的適応機制　121
ほうび　54
保健所　139
母性　14, 136
　——剥奪　3, 4, 11, 49
保存の概念　70
ボディ・イメージ　126
ほどよい養育環境　50
哺乳類　2
ボランティア　21

## ま

三つ山問題　70, 76

無力感　49, 60

メタ化能力　38
メタ認知　72
　——能力　37
面接　128
　——法　105

モデリング　65, 137
モデル　16, 38, 137
モニタリング　38
物語　132, 134
モラトリアム　67

## や

役割　100
　——演技　114

――実験　67
谷田部・ギルフォード性格検査　106
やる気　40

有意味学習　73
友人　43, 58
　　　――関係　125
　　　――関係のルール　111
　　　――グループ　125
　　　――自己　126
　　　――理解　76
有能な乳児観　17

養育者　4, 10
幼児期　23, 53, 68, 75
　　　――後期　51
　　　――初期　50
幼児虐待症候群　4
欲求の階層　40

## ら

楽観的な説明スタイル　42

力動論　102
離巣性　2
理想の自己　27, 128
リーダー　138
臨界期　3, 8
臨床心理士　143

類型論　102
類人猿　2
類推　38
ルール（法則）　36

劣悪な環境　13
レッテル貼り　65
劣等感　52, 60, 127
恋愛体験　127

老年期　61
ロール・プレイ　114
論理的思考　71

## わ

若者文化　125

## その他

ATI　7, 89
Eメール　127
good enough mother　50
ITPA言語学習能力診断検査　95
K-ABC心理・教育アセスメントバッテリー　96
LD（学習障害）　88, 132, 143
MMPI　106
WAY技法　63
YG性格検査　106

**執筆者紹介**（執筆順。括弧内は担当章,「共」は共同執筆）

三浦香苗（みうら　かなえ）千葉大学名誉教授（1, 20共）
奥村茉莉子（おくむら　まりこ）私設心理相談室「子育て工房」主宰（2）
藤﨑眞知代（ふじさき　まちよ）明治学院大学心理学部教授（3）
久保ゆかり（くぼ　ゆかり）東洋大学社会学部教授（4）
蘭　千壽（あららぎ　ちとし）千葉大学教育学部教授（5共, 16）
髙橋知己（たかはし　ともみ）上越教育大学大学院学校教育研究科准教授（5共）
岩田純一（いわた　じゅんいち）京都教育大学名誉教授（6）
速水敏彦（はやみず　としひこ）名古屋大学名誉教授（7）
中原睦美（なかはら　むつみ）鹿児島大学大学院臨床心理学研究科准教授（8）
福田　周（ふくだ　あまね）東洋英和女学院大学大学院人間学部教授（9）
沢崎達夫（さわざき　たつお）目白大学人間学部教授（10）
大竹信子（おおたけ　のぶこ）元玉川大学文学部教授（11）
新保幸洋（しんぽ　ゆきひろ）東邦大学理学部教授（12）
大塚雄作（おおつか　ゆうさく）京都大学大学院教育学研究科教授（13）
牟田悦子（むた　えつこ）成蹊大学文学部教授（14）
山田敏久（やまだ　としひさ）元千葉大学総合安全衛生管理機構（15）
中釜洋子（なかがま　ひろこ）元東京大学大学院教育学研究科教授（17）
齋藤憲司（さいとう　けんじ）東京工業大学保健管理センター教授（専任カウンセラー）（18）
村瀬嘉代子（むらせ　かよこ）北翔大学大学院教授, 大正大学名誉教授（19共）
卯月研次（うづき　けんじ）大正大学人間学部教授（19共）
石井正子（いしい　まさこ）昭和女子大学人間社会学部初等教育学科准教授（20共）

**編者紹介**

### 三浦香苗（みうら　かなえ）
東京大学大学院教育学研究科博士課程（教育心理学）単位取得退学。現在，千葉大学名誉教授，学校心理士。
著書に『勉強ができない子』（子どもと教育）（岩波書店，1996），『勉強ぎらいの理解と教育』（編著，新曜社，1999）などがある。

### 村瀬嘉代子（むらせ　かよこ）
奈良女子大学文学部卒。現在，北翔大学大学院教授，大正大学名誉教授，カウンセリング研究所特別顧問，臨床心理士。
著書に『子どもと家族への援助』（金剛出版，1997），『心理療法のかんどころ』（金剛出版，1998），『聴覚障害者の心理臨床』（日本評論社，1999）などがある。

### 西林克彦（にしばやし　かつひこ）
東京大学大学院教育学研究科博士課程（学校教育）中退。現在，宮城教育大学教育学部教授。
著書に『間違いだらけの学習論』（新曜社，1994），『「わかる」のしくみ』（新曜社，1997），『親子でみつける「わかる」のしくみ』（共編，新曜社，1999）などがある。

### 近藤邦夫（こんどう　くにお）
東京大学大学院教育学研究科博士課程（教育心理学）中退。元東京大学大学院教育学研究科教授。
著書に『教師と子どもの関係づくり』（東京大学出版会，1994），『子どもと教師のもつれ』（子どもと教育）（岩波書店，1995），『これからの小学校教師』（共著，大月書店，1997）などがある。

教員養成のためのテキストシリーズ
第2巻　発達と学習の支援

| | |
|---|---|
| 初版第1刷発行 | 2000年3月10日 |
| 初版第5刷発行 | 2014年4月10日 |

編　者　　三浦香苗　村瀬嘉代子
　　　　　西林克彦　近藤邦夫
発行者　　塩浦　暲
発行所　　株式会社 新曜社
　　　　　〒101-0051
　　　　　東京都千代田区神田神保町3-9 第一丸三ビル
　　　　　電話　03(3264)4973・FAX　03(3239)2958
　　　　　E-mail　info@shin-yo-sha.co.jp
　　　　　URL　http://www.shin-yo-sha.co.jp/
印刷・製本　株式会社 栄　光

©Kanae Miura, Kayoko Murase, Katsuhiko Nishibayashi, Kunio Kondo, 2000 Printed in Japan
ISBN978-4-7885-0708-1　C1037

■ 教員養成のためのテキストシリーズ

## 第1巻　教師をめざす　　　　西林・近藤・三浦・村瀬〈編〉　Ａ５判並製　本体1800円

　この「第1巻　教師をめざす」は，新しい「教職に関する科目」のうち，「教職への志向と一体感の形成に関する科目」（2単位）に対応しています。現代というむずかしい社会のなかで，教職はどのような役割を担っているのか，教師としての責任や役割とは何かなどを考えながら，学校教育をめぐる環境や問題を認識し，教師に求められる適性，教職を選択することの意味を考えます。

1部　**教育をめぐる状況**　①子どもと社会変化／②教育をめぐる環境変化／③競争と平等／④教育言説の視点から教育論を解きほぐす／⑤自らの教育を振り返る
2部　**学校という存在**　⑥学校というもの／⑦現代日本の教育と学校制度／⑧学校組織／⑨学級制度／⑩地域社会との共生／⑪学級集団／⑫学校像の模索
3部　**教師という仕事**　⑬教師の一日／⑭指導と懲戒／⑮組織の一員としての教師／⑯子どもを委ねられるということ／⑰教師の成長
4部　**教師をめざす人のために**　⑱教師になるためのガイド／⑲教職の近接領域／⑳教師をめざす


## 第2巻　発達と学習の支援　　　三浦・村瀬・西林・近藤〈編〉　Ａ５判並製　本体1800円

　この「第2巻　発達と学習の支援」は，新しい「教職に関する科目」のうち，「幼児，児童及び生徒の心身の発達及び学習の過程」（2単位）に該当します。従来，「教育心理学」「幼児心理学」「児童心理学」「青年心理学」などとして学ばれていた部分です。子どもはどのようなみちすじをたどって発達するのか，学ぶ-教えるという営みはどのようなものなのかを，発達心理学，学習心理学，臨床心理学などの研究成果から考えます。学生が将来，教師として接する子どもは，どのような課題を乗り越えながら成長していくのかを学び，子どもがおかれている家庭状況や文化的背景にも注意を払うことのできる教師としての素地を養います。

1部　**教育心理学から見た人間**　①発達をめぐる論争／②発達と養育／③家族のなかでの発達／④人間関係の拡大／⑤学校社会での経験／⑥人間の学習の特殊性／⑦感じ方とやる気
2部　**発達のすがた**　⑧人格発達Ⅰ／⑨人格発達Ⅱ／⑩自分理解／⑪子どもの知的世界の拡大／⑫他者理解
3部　**個人差の理解**　⑬個性の把握／⑭知性の理解／⑮人格の理解／⑯社会的能力の理解
4部　**子どもの理解と支援の手だて**　⑰適応と不適応／⑱自分の感じ方と他者の見方／⑲個別的理解と大数的理解／⑳子どもへのさまざまな支援


## 第3巻　学習指導の方法と技術　　西林・三浦・村瀬・近藤〈編〉　Ａ５判並製　本体1800円

　この「第3巻　学習指導の方法と技術」は，新しい「教職に関する科目」のうち，「教育の方法及び技術」「特別活動の指導法」に該当します。学習指導の意味・役割，技術を中心に，教育活動全体を通して，教師が学校で教えるということは子どもたちにとって何を意味するのか，子どもたちが価値ある学びをするために，充足感・効力感を得られるために，教師は何ができるのか，ということを考えます。

　表示価格は税を含みません。

1部　**学ぶということ**　①何のために学ぶか／②何を学ぶのか／③どう学ぶのか／④学習のオープンエンド性／⑤学びの楽しさとつらさ
2部　**教えるということ**　⑥教えることの社会的意味／⑦学習指導観の変遷／⑧教師の役割／⑨子ども理解／⑩学級経営／⑪学習集団の組織化／⑫学校での集団活動
3部　**学習指導と学習評価**　⑬教授技術／⑭学習指導の過程／⑮教科指導の実際／⑯体験を重視した学習支援の実際／⑰学習評価の方法
4部　**教育と環境**　⑱情報化時代と教育／⑲異文化とふれあう／⑳学習を保証する環境

## 第4巻　児童期の課題と支援
近藤・西林・村瀬・三浦〈編〉　A5判並製　本体1800円

　この「第4巻　児童期の課題と支援」は，新しい「教職に関する科目」のうち，「生徒指導，教育相談，進路指導等に関する科目」（4単位）に該当します。小学生が学校・家庭・社会のなかでどのような問題にぶつかっているのか，典型的な課題を取り上げ，その支援法について考えます。
　なお，本シリーズ5巻では，4巻とほぼ同じ構成のもとで，中学生・高校生を対象としています。

1部　**小学生という時期**　①小学生の現在／②小学生期の発達の諸側面
2部　**小学生の成長と環境**　③家族と友人／④環境としての学校／⑤子ども文化／⑥学びと体験
3部　**成長の節目としての危機**　⑦帰属集団としての同性友人集団／⑧性的成熟の開始／⑨甘えと独立のはざまで／⑩問題行動を通して子どもが訴えるものⅠ／⑪問題行動を通して子どもが訴えるものⅡ
4部　**子どもの成長と変容への支援**　⑫モデルとしての教師／⑬教師の働きかけの特徴／⑭学級集団づくり／⑮学校内での支援体制／⑯外部の関連機関との連携／⑰発達を保証する補償・治療教育／⑱成長・変容を支えるさまざまな心理技法Ⅰ／⑲成長・変容を支えるさまざまな心理技法Ⅱ／⑳子どもの成長・変容をうながす心理教育

## 第5巻　青年期の課題と支援
村瀬・三浦・近藤・西林〈編〉　A5判並製　本体1800円

　この「第5巻　青年期の課題と支援」は，新しい「教職に関する科目」のうち，「生徒指導，教育相談，進路指導等に関する科目」（4単位）に該当します。中学生・高校生たちが学校・家庭・社会のなかでどのような問題にぶつかっているのかを多面的に見ていきます。青年期の子どもたちは，学校以外にも自分の存在する場所をもち始め，そこでの問題も重要性を増してくることを考慮して，教師としての支援の方法を考えます。
　なお，本シリーズ4巻では，5巻とほぼ同じ構成のもとで，小学生を対象としています。

1部　**中学生・高校生という時期**　①中学生という時期／②高校生という時期／③青年期の発達の特徴
2部　**青年の成長と環境**　④友人と家族／⑤青年を取り巻く環境／⑥自分さがしと学習活動／⑦青年文化
3部　**成長の節目としての危機**　⑧性同一性／⑨「自分」「他者」との出会い／⑩大人になるということ／⑪問題行動を通して青年が訴えるものⅠ／⑫問題行動を通して青年が訴えるものⅡ
4部　**青年の成長と変容への支援**　⑬教師とカウンセラーの違い／⑭理解する教師／⑮学級集団の力／⑯学校内での支援体制／⑰外部機関との連携／⑱成長・変容を支えるさまざまな心理技法Ⅰ／⑲成長・変容を支えるさまざまな心理技法Ⅱ／⑳青年にとって魅力ある教師

■ 新曜社の本

## 親子でみつける「わかる」のしくみ
アッ！　そうなんだ!!

西林克彦・水田まり編

四六判並製
本体1800円

身の回りには「わかった！」という体験を導いてくれるキッカケがたくさん潜んでいる。新しいものの見方で学習を楽しむための方法・道筋を，物語風に具体的に紹介。

## 勉強ぎらいの理解と教育

三浦香苗編

四六判並製
本体2200円

勉強ぎらいの子や勉強のできない子も，その理由と状況を正しく理解し，その理解に沿った導き方で大きく学習の可能性を伸ばすことができる。学習不適応の問題をさまざまな事例を取り上げて解説。

## 「わかる」のしくみ
「わかったつもり」からの脱出

西林克彦

四六判並製
本体1800円

わかったつもりが真の理解を妨げ，しばしば学習挫折の原因となる。主として文章理解に関わる誤解の実例を豊富にあげて「わかったつもり」から本当の「わかる」に至る道筋を説く。

## 間違いだらけの学習論
なぜ勉強が身につかないか

西林克彦

四六判並製
本体1800円

なぜ歴史年表，三角関数，英単語も受験を過ぎればすっかり忘れてしまうのか。学習の仕方のどこがいけないのか。効果的に学習して血のかよった知識を獲得する方法を，認知心理学の視点から提言。

## ごまかし勉強　上・下
上：学力低下を助長するシステム
下：ほんものの学力を求めて

藤澤伸介

四六判並製
本体各1800円

小中学生時代から，日本の子どもたちは「ごまかし勉強」にどっぷり染まっている。昨今の子どもの学力低下の主要原因もそこにこそある。ごまかし勉強を生成するシステムとは？

## 教育と福祉のための
## 教育心理学エクササイズ

会田元明

A5判並製
本体2400円

現状への深刻な反省に立ち，人間観を学際的に検討することで，教育に必要な研究法を学べるよう工夫されたテキスト。教育の暗黙の前提を疑い，教育心理学の新しいパラダイムを提案。

## 子どもの養育に心理学がいえること
発達と家族環境

H. R. シャファー
無藤　隆・佐藤惠理子訳

A5判並製
本体2800円

子どもを囲む多くの問題への解答は，堅固な実証的研究にもとづかなくてはならない。本書では，過去数十年間の欧米における研究の積み重ねの上に確立された根拠のある見方と答えを提供する。

## エピソードで学ぶ乳幼児の発達心理学
関係のなかでそだつ子どもたち

岡本依子・菅野幸恵
塚田-城みちる

A5判並製
本体1900円

自分のうんこをうっとり眺める子，昼も夜も同じパジャマを着続ける子。子どものエピソードを数々紹介しながら，その心理学的な意味を考察する。学生にも親しみやすい写真やイラスト豊富なテキスト。

表示価格は税を含みません。